南京历史文化名人系列丛书

宋濂传

黄忠鑫 著

南京市文化广电新闻出版局
南京市博物总馆 编

凤凰出版社

图书在版编目（CIP）数据

宋濂传 / 黄忠鑫著. -- 南京 : 凤凰出版社,
2018.4
（南京历史文化名人系列丛书）
ISBN 978-7-5506-2769-7

Ⅰ. ①宋… Ⅱ. ①黄… Ⅲ. ①宋濂（1310-1381）—
传记 Ⅳ. ①K825.6

中国版本图书馆CIP数据核字(2018)第072501号

书　　名	宋濂传
著　　者	黄忠鑫
责任编辑	顾　娟
装帧设计	徐　慧
出版发行	凤凰出版社(原江苏古籍出版社) 发行部电话025-83223462
出版社地址	南京市中央路165号,邮编:210009
出版社网址	http://www.fhcbs.com
照　　排	南京凯建图文制作有限公司
印　　刷	江苏凤凰通达印刷有限公司 南京市六合区冶山镇,邮编:211523
开　　本	718×1005毫米 1/16
印　　张	5.75
字　　数	80千字
版　　次	2018年4月第1版　2018年4月第1次印刷
标准书号	ISBN 978-7-5506-2769-7
定　　价	68.00元

(本书凡印装错误可向承印厂调换,电话:025-57572508)

《南京历史文化名人系列丛书》编委会

序 言

南京古称金陵、建邺、建康等，是素负盛名的“六朝古都，十朝都会”，与北京、西安、洛阳并称为中国四大古都。南京在历史文化上的独特性，体现在曾多次承担过中华民族救亡图存、走向复兴的历史责任与历史使命。在历史文化的视野下，把南京置于国家民族的历史长河中，探寻这座城市对于中华文明所起到的作用，会发现在中国历史上，没有哪一座城市像南京这样，与中华民族的命运如此紧密地联系在一起。

2500多年的建城史，450年的建都史，使得南京在历朝历代都涌现出许许多多为中华数千年文明作出过重要贡献的杰出人物，他们广泛地活跃在政治、经济、军事、文化、艺术、宗教、科技、曲艺等方面。在这些“立德、立功、立言”的杰出人物的身上，集中体现着中华民族精神的标记，印证着历史人文精神的深邃。虽然这些历史身影已随着逝去的时代而远去，但他们留下的物质或非物质的印记，作为后来者追慕先贤、思索人生、承继前行的路标，仍然是南京乃至中华民族弥足珍贵的文化资源和极其宝贵的精神财富，是中国历史文化脉络的重要组成部分，更是加快南京历史文化名城建设不可或缺的要素。

2014年初夏，南京市政府根据“十二五”规划文化建设中提出的传承创新、推动文化大发展大繁荣的要求，出于充分挖掘、利用南京在历史名人资源方面的优势，彰显南京独特的历史名人文化，进而发挥文化引导社会、教育人民、推动发展的功能，增强民族凝聚力和创造力的目的，要求南京市文化广电新闻出版局及其下属单位在调查研究的基础上，提出切实可行的南京历史文化名人展示工作的实施方案。

客观、科学地界定南京历史文化名人，按不同的时代、不同的系统梳理罗列出来，不是一件容易的事。新成立的南京市博物总馆文化遗产保护研究所具体承担了起草《南京历史文化名人展示工作实施方案》的工作,在经过了近一个月披沙拣金般的梳理与遴选后,研究所的同志们按时交出了一份包括近400位待选的南京历史文化名人小传的征求意见稿。此后,在南京市委、市政府、市政协主要领导的关心与支持下,南京市文化广电新闻出版局就如何实施南京历史文化名人的弘扬与展示工作认真调研,反复斟酌,并召开了多次由市领导与南京大学、南京师范大学、南京博物院等专家学者参加的专题论证会,最终在集思广益达成的共识的基础上,甄选出首批共79位在南京乃至国内外都有一定历史地位、在彰显南京历史文化方面具有一定代表性的南京历史文化名人,并确定了在深入挖掘其内涵的基础上,采用雕塑创作、遗址与博物馆建设、遗迹修缮、深度挖掘出版、文艺创作等5种向全社会推介展示这些南京历史文化名人的方式。

这其中的深度挖掘出版方式,指的是在采撷、整理文献史料的基础上,编辑出版以南京历史文化名人为系列的名人传记或故事,适用于那些历史文献和地方志书中虽有明确记载,对南京历史文化发展也有较大影响,但其相关遗迹、遗存尚不确定的南京历史文化名人,藉以系统地呈现南京历史文化,进一步增强南京文化软实力与综合竞争力。采用深度挖掘出版方式予以宣传推介的南京历史文化名人的人选,包括三国时期的书法家皇象、佛经翻译家支谦,东晋时期的道教学者葛洪、美术家戴逵、名僧暨佛经翻译家法显,南朝刘宋时期的天文学家何承天、史学家范晔、文学家刘义庆,南齐的开国皇帝萧道成、画家陆探微、诗人谢朓、美术评论家谢赫,南朝齐梁时期的文学批评家钟嵘,唐代诗人王昌龄,明代文学家宋濂、学者焦竑、书法篆刻家文彭,明末清初的竹刻艺人濮仲谦,清代文学家方苞,近代建筑设计师亨利·墨菲共计20人。该项工作由南京市文化广电新闻出版局负责。

考虑到社会影响并兼顾大多数人的接受程度,南京市文化广电新闻出版局与南京市博物总馆的主要领导认为《南京历史文化名人系列丛书》的编撰和出版工作应尽可能达到如下几点要求。一是实事求是,科学取舍。要运用历史唯物主义观点和方法收集资料,去粗取精,去伪存真,力求内容的史料性、思想性和资料性的统一。在尊重历史真实的前提下,对涉及政治、民族、宗教等重大敏感问题,在史料取舍与叙述上,谨慎科学处理。二是主题突出，详略得当。在具体的文字内容上，应包括上述各南京历史文化名人的生平事迹、主要成就及其对后世的影响，并尽可能将每个人物的成就及其与南京之间的关系或联系，在书中予以浓墨重彩地展示。三是深入浅出，通俗易懂。丛书的篇幅不宜过长，避免阳春白雪、曲高和寡，编撰行文应言之有物，但在行文中仍然务需严谨、规范，所使用的材料要求有来源、有依据，注重和突出面向大众的宣传、推介效果，争取较强的可读性，力求做到雅俗共赏。四是图文并茂，引人入胜。作为一部介绍历史名人的图书，在诸方面要凸显其文化特点和艺术魅力，每本书宜在行文中都配附一定数量、与书籍内容相关的图片，做到图文并茂，雅俗共赏。

这样一套面向社会大众的普及性质的读物，自然不宜高头讲章般的满是庙堂之气，但学术层面的严谨和求实，也都必须遵循而丝毫马虎不得，因而对于编写工作的要求其实是相当高的，所以寻找合适的作者自然也就成了让人头疼不已的事。在这一方面，南京市博物总馆下辖的文化遗产保护研究所为之付出了艰苦的努力。

我们编纂这套《南京历史文化名人系列丛书》不仅仅是为了让来者见贤思齐，心追范式，更主要是为了让后人通过读史而能自省，深入发掘、总结、提炼中国历史文化中的优秀精神，推动社会主义精神文明和物质文明协调发展，古为今用，洋为中用，把中华民族的优秀传统转变为现实中有生命力、有影响力的东西，从而进一步增强民族自信心和凝聚力，为促进中国特色社会主义文化建设的健康发展，激发全民族文化创新创造活力，不断铸就中华文化新辉煌，尽一份绵薄之力。

鉴于《南京历史文化名人系列丛书》所涉部分历史人物可资参阅的史料极其有限，加之编写时间匆促，本书难免存在这样或那样的缺憾。在此诚恳希望专家读者多加指教，以便有机会再作修改与补充。

2018年3月

目 录

引　子

明朝洪武三年(1370),陕西参政汪广洋奉命来到京师应天(今南京),正式受任右丞相一职。但他的文学成就远远高于政治作为,被后人誉为"开国之音"。上任伊始,汪广洋便将自己多年积攒下来的诗文汇编为一集,名为《凤池吟稿》。

这年的四月二十一日,翰林学士宋濂应汪广洋之邀,写下了至今仍让人津津乐道的《汪右丞诗集序》[①]。他在这篇序文开头写道:

> 昔人之论文者,曰有山林之文,有台阁之文。山林之文,其气枯以槁;台阁之文,其气丽以雄。岂惟天之降才尔殊也?亦以所居之地不同,故其发于言辞之或异耳。濂尝以此而求诸家之诗,其见于山林者,无非风云月露之形,花木虫鱼之玩,山川原隰之胜而已。然其情也曲以畅,故其音也眇以幽。若夫处台阁则不然,览乎城阙之壮,典章文物之懿,甲兵卒乘之雄,华夷会同之盛,所以恢廓其心胸,踔厉其志气者,无不厚也,无不硕也。故不发则已,发则其音淳庞而雍容,铿鍧而镗鞳。甚矣哉,所居之移人乎!

现代研究者将这段文字视作宋濂对文体的一次系统论述,尤其是"台阁体"的理论总结。还有人指出,宋濂有意无意地归纳了汪广洋经历与文风的两个阶段,从戎马征战(山林)到治理安抚(台阁)的转变。这些意见皆有合理之处,自不待言,但我更愿意去寻求其中的合情所在。

此时的宋濂,已是一位花甲老人。六十年岁月的洗礼,一个甲子的

① 为行文简洁,本书凡征引《宋濂全集》中的诗文、年谱等内容,不再一一说明。

循环，更经历了元明两朝的更替，对于世事的看法愈加精到。

此时的宋濂，置身于大明王朝的翰林院和国史馆中，与皇帝皇子坐论帝王之道，早已不是当年悠游浙西山林之间，吟咏徘徊的翩翩少年。

从山林到台阁，何尝不是宋濂的人生写照呢！

当然，宋濂反对的是吟风弄月的“山林之文”。当年他遁避山林，是为了寻找合适的出仕机会，绝非甘做井底之蛙。宋濂敬佩的“台阁之文”，也不是后来固化的“台阁体”，而是庙堂之上的天下情怀。如他所言，空间的转移，可以让文风发生变化。

恰好就在这篇序文的十年之前，宋濂答应了当时还只是“吴国公”朱元璋的邀请，开赴南京城，完成了从文人到文臣的转身，文名尽显。在这座城市中，他享尽了“文臣之首”的优宠，也遭遇了政治争斗的生死攸关。宋濂创作了大量歌颂应酬之文，一反此前激扬文字、抨击时弊的风格。但我们不能简单地将其划入阿谀献媚之作的范畴。如《阅江楼记》《平江汉颂》《浡泥国入贡记》等文章，还收录于《皇明经世文编》《古文观止》之中，供后世资鉴、模仿。这些名篇佳作，正是宋濂所追求的“恢廓心胸”“踔厉志气”的台阁之文，也深深浸染着明初南京的色彩与气度……

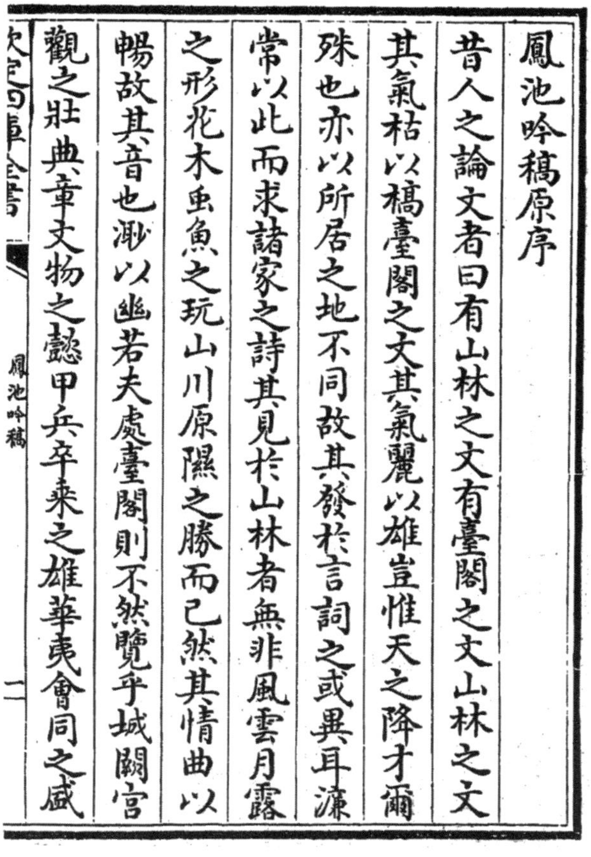
欽定四庫全書

鳳池吟稿原序

昔人之論文者曰有山林之文有臺閣之文山林之文其氣枯以槁臺閣之文其氣麗以雄豈惟天之降才爾殊也亦以所居之地不同故其發於言詞之或異耳濂嘗以此而求諸家之詩其見於山林者無非風雲月露之形花木蟲魚之玩山川原隰之勝而已然其情曲以暢故其音也渺以幽若夫處臺閣則不然覽乎城闕宮觀之壯典章文物之懿甲兵卒乘之雄華夷會同之盛

鳳池吟稿 二

图一 《凤池吟稿序》

一、应召出山

1. 朱元璋的求才

每个王朝的末世，总会涌现出诸多军阀割据势力。濒临崩溃的元朝帝国也是如此。此起彼伏的红巾军起义，让官军疲于应付。义军内部势力也进行着不断的整合和分离。朱元璋，一个淮河岸边的赤贫农民，在这场乱局中横空出世。转战于濠州城（今安徽凤阳）的红巾军郭子兴部，刚刚接纳这位只身投靠者，就遭遇了元军的一次袭击，损失惨重。但朱元璋立马回乡招募了七百人，补充了义军的力量，自己则当上了一名中级将领。此后，他在历次战役中运筹帷幄，不断晋升，成为这只义军的领袖。

二十八岁那年，朱元璋决定进行战略转移，将自己的军队从江北带入江南，开辟自己的根据地，不再流动作战。扬子江畔的六朝古都集庆路成为他的目标。至正十六年（1356）三月，朱元璋正式攻下集庆城，改名为应天府。此后三年，他以应天为中心四处攻伐，扩大地盘，先后吞并扬州、池州、宁国、常州、徽州、婺州、衢州、处州诸地，基本控制了苏南、皖南和浙东大部分地区，成为与陈友谅、张士诚齐名的江南三大军阀之一。

与四十多岁的陈、张相比，才三十出头的朱元璋意气风发，绝不满足于割据一方、偏安一隅。他开始展示出开国明君的一面：用文教笼络人心。江南文化昌盛，饱学之士众多。朱元璋每攻下一地，就积极寻找知识分子辅佐自己。三顾茅庐请来的池州学政朱升，便给他提出了“高筑墙、广积粮、缓称王”的战略建议，成为千古美谈。毛遂自荐的李善长更是常伴左右，推荐各地有名的读书人，供朱元璋选用。清朝人在《明史》中评论道：明太祖以布衣身份起家，“天亶英姿”，但“诸儒之功不为

图二　明太祖朱元璋

无助也”。[1]

至正十八年(1358)十二月，朱元璋亲率大军攻下浙东重镇婺州，改名为宁越府，后又改为金华府。至正二十年(1360)初，朱元璋与李善长经过一番讨论之后，决定征召宋濂。查继佐的《罪惟录》记下了这段对话：

朱曰：徐达将军的统兵作战能力，和汉代的韩信差不多。但帐下尚缺张良一样的人物辅佐我。

李曰：金华宋濂博学多才，精通象纬之术，是一个合适人选。

当年，正是李善长将朱元璋比拟为汉高祖刘邦：出生地点相邻，天下局势相似。朱元璋得到这一指点之后，有意无意地将其视为榜样和精神力量。画像追求与刘邦的神似，分封藩王也以西汉分封为楷模。对于文臣武将，朱元璋也是不断比量着汉初的功臣群体。既然宋濂有如此才能，自然引起了他的兴趣。

宋濂是何许人？

朱元璋依稀记得，就在一年以前，曾在金华见过宋濂。当时，宋濂已

① 《明史》卷二八二《儒林传》。

经接受了知府王宗显的邀请，担任了郡学五经师。此外还有戴良、叶仪、吴沉、徐原等多位当地知名文人儒士一起在郡学执教。荒废已久的婺州学校，又有了“弦诵之声”，令人无比欢欣。

而这一次，朱元璋要让宋濂离开生活了五十年的浙东故乡，来到即将成为大明王朝首都的应天城。

2. 潜溪才子

自入潜溪住，超然绝世氛。懒寻书作伴，长与鹤为群。
千虑净为水，一身闲似云。梅花领幽赏，疏雪隔窗分。
——宋濂《还潜溪故居》

至大三年(1310)十一月四日，是一个非常普通的日子。清澈见底、幽幽郁郁的潜溪，潺潺流过庄严神圣又不失雅韵的禅定寺。对于旁边一户农家来说可以说有点不平凡，因为这天是这家主人宋守富五十岁生日。家庭贫寒，并没有人来人往的祝寿场面。但毕竟是大寿，一家人倒也欢欢喜喜。谁承想，一阵婴儿孱弱的啼哭，穿过简陋又整洁的寿宴，在小庭院里似乎有了回响。儿媳陈贤时才七个月的身孕就临产了。“是个男孩!”整个小庭院里沸腾起来了。“祝贺，祝贺，双喜临门!”作为祖父，他满心激动，这个选择在他生日出生的小孙子，似乎在传达点什么不一样的信号?“这个小家伙是上天送给我的一个大寿礼? 他将来真的能完成我的梦想?”为了使这个小生命健康平安地活下来，像祖父一样长寿，家里给他取名“宋寿”。

然而，宋寿并没有像他的名字所昭示的那样会健康长寿。五岁之前的宋寿，百病缠身，体质极其不佳，每每患病，手足痉挛，目光呆滞，要昏迷数日。祖母和母亲夜以继日轮流抱着，才使他脱离险境。五岁以后的宋寿虽然脱离了病魔的摧残，但是依然瘦弱矮小，根本无法像其他伙伴一样从事体力劳动。

望着孱弱的孙子，祖父叹气道:“做农活靠力气，这小家伙怎么吃得

图三　潜溪

消?”于是请来当地的名师包廷藻,教授其读书识字。五十多岁的包老师,博览群书,才思敏捷,有条不紊地进行着启蒙认字的教学。日子一长,他发现宋寿年纪虽小,体质虽弱,记忆力却特别好,读书过目不忘,聪明过人,便尝试着教他写诗,一段时间下来,师生俩竟能对诗,不亦乐乎。保存最早的习作当属《兰花篇》:

阳和煦九畹,晴芬溢青兰。潜姿发玄麝,幽葩凝紫檀。
绿萝托芳邻,白谷挹高寒。玄圣未成调,湘累久长叹。
绿葭虽外蔽,贞洁终能完。岂知生平心,卒获君子观。
杂以青瑶芝,承以白玉盘。灵风晓方荐,清露夜初溥。
此时不见知,骈罗混荒菅。春风桃杏华,烂若霞绮攒。
徒媚夸毗子,千金买歌欢。弃之不彼即,要使中心安。
愿结美人佩,把玩日忘餐。

九岁的年纪,洋洋洒洒二十六句诗,借物抒情,作诗的娴熟技巧可见一斑。将桃杏与兰花做比较,更显出小作者对于坚贞和高雅的追求。后来,他的名字改为宋濂,更多是追慕周敦颐(世称濂溪先生)的出淤泥而不染。兰花与荷花,在文人的吟咏之间,都成为不凡志趣的象征与共鸣!

童年时期的宋濂，是一个沉静又不失大方，敢于表达但绝不哗众取宠的小文人。虽然体质差，体力不足，但是他爱读书，喜好思考，并尝试着写作，主动与文人交流，目光里多了一份自信和豁达。这个小诗人诗名在外。凡有文人聚会，或饯别，都会邀请宋濂吟诗作赋。瘦弱的身躯，略带稚嫩的嗓音，却能出口成诗，妙语连珠，惊艳四座。宋濂九岁时，道士楼节翁慕名而访，命他赋诗为赠。宋濂凝思片刻，即席赋诗，其“步罡随踢脚头斗，噀水能轰掌上雷”之句，以磅礴的气势，倾倒众多宾客。浦江郑涛《宋濂小传》云：“为诗歌有奇气，操笔立就，人异之，称为神童。”灵气十足，悟性极高，乖巧大方，小小年纪的宋濂是当地当之无愧的“神童”。

“神童”有很多，但大多随着年龄的增长，身上的光环却黯然消逝，宋濂是个例外。他生来不是珍珠，而是乡村之中不起眼的沙子。帮助他从沙子变身为珍珠的有很多人：

启蒙教师包廷藻不仅教他认字写字，还教他写诗对诗，在他辍学期间热心地帮助他继续学业。一代巨儒闻人梦吉，谦逊温和、端庄含蓄，用言行和智慧熏陶着青少年时期的宋濂，也为其开启另一扇知识的大门——理学。浦江郑氏名师吴莱，常常教导他“胸中无万卷书，眼中无天下奇山水，未必能文”，从此世间又多了一个好远游的宋濂。进士黄溍，博古论今，品评制度、文献，往往迸发着智慧的光芒，使后来深陷宦海的宋濂多了一份思辨能力。文章有奇气的柳贯，博闻强识，熟知国朝故实、礼乐方志、佛家学说，精通书法，与宋濂结成了亦师亦友的亲密关系。儒士朱震亨，精通医学，二人既是师徒又是忘年交，每每谈到医药，俩人都有滔滔不绝的话题。宋濂自称有一段时间，每天上山采药。试想，郁郁葱葱的山林，天气晴好，伴随着鸟鸣声、山泉声，他背着药篓，悠闲地寻觅着各种草药。或行走，或坐在树荫下乘凉，精神飒爽、灵魂安逸。学医此时已不再是求生的技能，而是一种修身养性、开阔视野的方法。难怪宋濂称“日采药以自娱”。

宋濂追随多名大儒，也因此结交了不少志同道合的好朋友。名人之后、诗歌清丽的吴履；借酒消愁、旷达之士的楼士宝；沉敏多智、秉心慈恕的郑深；语惊四座、博才谦逊的唐怀德；为官清廉，被称为“江南文学之士”的宣岜……正值青少年时期，一群朝气蓬勃的小伙子，一起打闹嬉戏、阅读习字、谈古论今，日夜相伴、亲密无间，多么轻松又充实的岁月！

多少年后，宋濂几经迁家，距离故乡潜溪越来越远，但是他将自己的第一部文集取名为《潜溪集》，可见他对故乡美景与人情的眷恋与热爱。

3. 末世的退隐

宋濂二十岁时，已经文名传扬四方，据说“六艺经传，无不精究；子史百家，山经海志及方外之书，无不穷览”。而此时的朱元璋，还只是襁褓中的婴儿。四十岁时，经危素等举荐，从一介布衣擢升为将仕郎、翰林兼国史院编修官。但是，宋濂“知世乱，固辞不就”，当了道士，从此隐居龙门山。

图四　宋濂像

元朝的进士，即使长期为官，也不一定能谋得这一职位。宋濂既不是进士，也没有担任过任何地方官职，竟然能被成功举荐。究其原因，可分为三：

图五　仙华山

（1）宋濂的文史素养极高，许多作品早已经在元朝知识分子圈里盛传。例如，《浦江人物记》，广征博引，记载忠义、孝友、政事、文学等事迹，“以为世鉴”，具有强烈的经世之意。

（2）宋濂非常注重交游，不断培养和扩大自己的“圈子”。他不仅重视同门师友之间的情谊，甚至与老师、朋友的弟子也有密切往来。他的书信往来，就像蔓藤一样在文人圈里不断地扩大开来。虽然宋濂的足迹尚未踏出浙江，但是他的文名早已显赫。他甚至还与少数民族士大夫有所交游，撰有《国朝名臣颂》，为王穆呼哩、托克托呼、巴延等多位少数民族士大夫歌功颂德。

（3）宋濂追随过的名师大儒，不少在朝为官。例如，吴莱为礼部编修，柳贯为翰林待制兼国史院编修官，黄溍先后任应奉文字兼国史编制官、翰林直学士、翰林侍讲学士等职。宋濂勤学好问，悟性极高，才华卓越，又重情重义，深得官场老师们的信任，以此得到举荐和推崇。

此时的宋濂过着中国传统文人的生活，却又怀着不同寻常的境界。他秉着豪放的胆气，写出多篇寓言来讽刺时政，文笔辛辣，大胆活泼，显示“忧国忧民”的“大我”情怀。几次参加科考失利后，当朝廷的橄榄枝向他伸过来时，他却淡然拒绝，过上了隐居的生活。从容地选择，果断地拒绝，他的姿态是高贵的，恬然的，也是难能可贵的。当然他拒绝的，也许不是当官，而是元朝。政治腐败、民不聊生、兵荒马乱，让宋濂对元朝产生严重的怀疑和不信任。

归隐是行为上的让步，精神上的不妥协。隐居不仕是一种不融于世俗的风骨，一种以退为进的经世手段。归隐能够养精蓄锐，修养身心，是出世与入世都通用的一剂良药。待时隐士都具有双重人格，既不甘心终老林下，也不愿就范于权势，屈身于名利。他们其实是身隐、形隐而心未隐。他们往往对社会现状有着深刻的体察，对时势变化有着先见之明。隐居不过只是卧薪尝胆，试图再举才是最终目标。

宋濂的归隐，并非与世隔绝，从此不食烟火，而是静观天下，伺机而行。宋濂的伺机，并不是愚蠢的守株待兔，而是加紧自己的修行。只有修行更高，才能让自己在文人群中熠熠闪光。在龙门山隐居十年间，他探天人之际，思考宇宙、人生、社会，多有所获。他进持儒术、退守禅道，将佛教和道教作为精神世界和现实生活中的重要组成部分，融为一体。释道在一定程度上给予宋濂精神慰藉，进而形成平淡清和的性格特征。他撰成《龙门子凝道记》《孝经新说》《周礼集注》等书，相继刊印，在浙东地区的文名进一步提升。

十年的隐居生活，在朱元璋队伍胜利攻入浙东地区的时候宣告结束。

4. 应征的选择

乱世行将结束，宋家却遭遇了一场不幸。

至正十八年(1358)十一月，朱元璋大军压境，浦江民众纷纷逃入山中躲避兵祸。然而，当地的地痞无赖也趁机蠢蠢欲动。这个月的十四日，宋濂的妹妹宋新在逃难的途中不幸被这些无赖抓住，无赖欲行不轨，她跳崖自杀。宋濂得知后，悲痛万分，写下了《宋烈妇传》，痛斥“执法之大吏、秉钺之将帅、守土之二千石”贪生怕死，远不及一位妇人的节烈之义。

十一月二十七日，尚在失亲之痛中的宋濂迎来了几个陌生人。一问才知，他们是王宗显派来的使者。王宗显是宋濂在严州结识的一位儒生，"博涉经史"。他对于婺州地区的文人十分熟悉，投奔朱元璋之后，便自告奋勇，承担起招募当地文士的任务。

这几位使者带来了聘书和礼物，请宋濂担任婺州郡学五经师。因为再过半个月，摇摇欲坠的婺州即将成为朱元璋的囊中之物，王宗显则被任命为新宁越府的知府。这次"礼聘"实际上是一次预聘，是王宗显治理新归附地区的策略，更是一道"强濂为五经师"的命令。宋濂一下子说不出话来。随即，他从惊愕中缓过神来，写下了《答郡守聘五经师书》一文，提出了未尝知经通经、家父年老、懒惰成习等数条理由，婉拒了王宗显的邀请。像"亲老，不敢远违"一类的借口，在当年辞谢元朝授官时也提出来了。宋濂在文中不断地反问道："执事何为欲强之乎？"对于命令式的征召，他似乎并不买账。

群雄崛起，元朝处于风雨飘摇之中。以小明王韩林儿为首的红巾军有着广大的号召力，也是对抗元朝力量的中流砥柱；雄心壮志、不乏驾驭之术的陈友谅用了不到十年时间，人口和士兵急剧膨胀，独享着"大汉"国；占据最富有的江南地区的张士诚，为人正义，励精图治，革除元朝的苛捐杂税，深得民心……如果没有足够的分析辨别能力，很容易站错队伍。站在历史的交叉口，眼花缭乱的儒士们都面临着艰难的选择。

这次的拒绝，其实只是宋濂的推托。因为，在一个多月后的至正十九年(1359)正月庚申日，宁越府郡学公布的教员名单上，赫然可见宋濂担任五经师的记录。十八年后，宋濂在《徐方舟墓志铭》中回忆道，"君子出处，固立志之不同，然亦有命焉"。志向与机遇的结合，促使了他的出山。

实际上，早在龙门山隐居悟道时，宋濂就在《龙门子凝道记》中表达了"苟用我，我岂不能平治天下乎"的宏伟抱负。何时"出处"？宋濂也有明确的原则。《抱瓮子传》中，他就提到"及逢有道之朝，辄蹶然兴起，以力政著闻，其得出处之正者矣"。朱元璋大军进入金华地区后，秋毫无犯，纪律严明，与元朝官吏的贪污腐败、守军的不堪一击形成了鲜明对比，充分展现出"有道"的一面。在历史大势之下，宋濂应征郡学也就水到渠成了。

5. 开赴应天

在郡学任教一年多后，朱元璋的征召书到了。这回，宋濂几乎没有任何犹豫，就欣然同意了。他对来自应天府的使者樊观说："吾闻大乱极而真人生，今其时也。"与他一道被征召的还有处州府（今浙江丽水）的三位名士：刘基、章溢和叶琛。

在此之前，刘基和宋濂已相识有二十多年了。他们同时参加了元朝的科举考试，结果迥异：刘基高中进士，而宋濂在乡试中就落选了。踏上仕途的刘基并不得志，官场上屡遭到排挤陷害；宋濂虽有文名，但在科考上屡战屡败，当了多年的私塾先生。

图六　刘基

一仕一隐，只是外在行为上的差异，刘宋二人在理想追求上是共通的。得知宋濂要入山求道后，刘基极为鼓励，在《送龙门子入仙华山辞序》说道：自己"尝爱老氏清净，亦欲作道士，未遂"，宋濂迈出这一步，"吾亦从此往矣"。他不无羡慕地期许："他日道成列仙，无相忘也。"

在接到来自应天的召唤时，刘基正隐居于青田山中。据宋濂在孙炎墓志铭中的回忆，当时的普遍情况是："秀民有材能者，见方战争，胜负未分，皆伏匿山中，不肯出。"招募刘基的使节花了很大功夫才将他劝出山来。宋濂也写信劝说鼓动，一反当年归隐山林的态度。

临行之际，共事郡学的吴沉、戴良等人赠诗宋濂，依依送别。

吴沉曰：

自从去岁冬，来为郡斋客。幸有子同心，慰此风雨夕。
如何舍我去，千里远行役。岂不愿迟留，严程苦相迫。

戴良曰：

昨宵郡斋宿，今旦赴行舟。官程不敢违，可使须臾留。
掩泣别故交，强颜逐前俦。未尝去乡邑，讵能千里游。
金陵古帝乡，雄跨东南州。至今开甲第，奕奕居公侯。
冠盖若云拥，车马细川流。厚禄不虚授，高才将见收。

一行四人，雇船从金华双溪出发，经桐江向西，穿过皖南，直抵应天。这一去，他们都将告别旧朝，正式开启全新的文臣生涯。在未来的日子里，他们将自己一生的才学、理想、抱负，乃至于生命都托付给了朱元璋。

二、初临台阁

1. 择才而任

束帛征贤出涧阿，来从明主定山河。
摅才要济邦家用，为治当调鼎鼐和。
定见百年兴礼乐，先从四海戢干戈。
当朝辅佐侔伊吕，汗简芳名耿不磨。
——陶安《喜伯温景濂辈至新京》

暮春三月，烟雨朦胧的江南，孕育着勃勃生机。宋濂、刘基等四人缓缓进入应天城内，随即被安排在孔子庙学之内居住。当年力劝朱元璋攻取南京的皖南谋士陶安写下了上述这首诗，赞赏他们的顺应潮流，加入吴国公的阵营。对于他们的才能，陶安也是钦佩不已。他对朱元璋说：

图七　孔子庙学

“臣谋略不如基，学问不如濂，治民之才不如溢、琛。”[①]这里已经暗示了这四位浙东文士各自擅长的才能。

朱元璋见到他们之后，十分欢喜，连忙赐坐，谦虚地说道：“我为天下屈四先生。”[②]关于君臣会谈的内容，现存史料只有一条。朱元璋向四先生请教：“四海纷争，何时而定？”章溢起身答道：“天道无常，惟德是辅，惟不嗜杀人者能一之耳。”据说当时朱元璋十分赞同，“甚礼貌之”。[③]应该说，这一回答代表了当时所有有识之士的意愿。朱元璋虽出身乞丐，却能够迅速在元末群雄中脱颖而出，除了军事才能之外，也与他善于俘获人心有关。他常常用和颜悦色隐藏内心的杀戮和猜忌，塑造出“不嗜杀人”的形象，让诸多读书人信以为真，为己所用。

初来乍到的刘基、章溢、叶琛三人，心里惴惴不安。因为他们都曾在元朝获得科举功名或担任官职。身处“重开大宋天”的政权之内，难免会引起他人的猜疑，甚至迫害。因此，他们每天表面上“相与谈笑”，“俱不念家”，却很难“无芥于心”。只有宋濂与众不同，泰然居处，“日与文彦士相从游不倦”[④]。好在新京城的宽松环境和英明君主的任命相继到达，很快就激起了浙东四先生的经世热情。章溢和叶琛被派往新攻占的州县，安抚民众，整顿社会秩序。刘基成为朱元璋的军事参谋，运筹帷幄，将军事谋略发挥到极致。

相比之下，宋濂真是一位手无缚鸡之力的书生。他“自命儒者”[⑤]，以学问文学见长，对于临民和排兵布阵都无能为力。刘基总能在错综复杂的形势下作出正确的分析；宋濂则在喧闹的环境中开辟一片静地，自娱自乐。刘基能对各种人才津津乐道，提出合乎事实的评论；宋濂对任何人一副谦恭随和的态度，有求必应。刘基果断，从容，有魄力；宋濂内敛，克制，有风骨。刘基希望有一位一统天下，雄心勃勃的霸主；宋濂希望有

① 《明史》卷一三六《陶安传》。
② 《明史》卷一二八《章溢传》。
③ 《明太祖实录》卷八“庚子年三月戊子”。
④ 刘基：《诚意伯文集》卷一五《送宋仲珩还金华序》。
⑤ 《明史》卷一二八《宋濂传》。

一位信义儒雅，仁政治民的明君。刘基擅长谋略，适合乱世中寻找出路；宋濂擅长文章，更适合在治世中文教化俗。

来应天之后的第三个月，朱元璋才任命宋濂为新设的儒学提举司提举，主要负责科举教育和考试的督查。这个提举司的设立，说明朱元璋彻底丢掉了农民起义、白莲教的幌子，开始打着尊崇儒学的旗号，全面夺取天下。宋濂的文名，成为新政权的笼络工具。

2. 太子师

朱元璋是典型的农民，严格奉行嫡长子继承制，恪守“立嫡以长不以贤，立子以贵不以长”的原则。对于长子朱标，他抱有很高的期望。因此，王世子，也就是未来的皇太子的教师人选和教育情况，将直接关系到新政权的发展大计，当然得经过朱元璋深思熟虑、千挑万选。宋濂人品端正，学识渊博，没有文人的古板呆滞，又不至于油嘴滑舌、浮夸乖巧。他还在浙东郑氏义门从事私塾教学二十余年，有着丰富的实际教学经验。当年十月，宋濂就奉命给世子朱标授经读书。

宋濂确实是太子师的最佳人选。他给朱标传授仁义道德的同时，也会讲解一些实际有用的学问；讲授理学“心性”的同时，也会着重强调儒家“民本”思想。他非常讲求教育的方法，总是能做到历史与现实、正面与反面、理论修养与实际操作等方面的有效融合。凡是涉及纲常大义，宋濂总能用深入浅出的语言，再三强调，循循善诱，让学生如沐春风。朱标每次听课都“敛容嘉纳，言必称师父云”[①]。朱元璋视察之后，也对宋濂“深嘉叹之”。后来，朱皇帝在《国子司业诰》中公开表示：“当朕创业之始，即入春宫训我储贰。则温文之资，实由辅导。”

从至正二十年（1360）开始授朱标经学，直至洪武十年（1377）致仕归家养老，这十七年间，宋濂历经朱元璋从称王到称帝，朱标由世子变为太

① 《明史》卷一二八《宋濂传》。

子等转折，却一直担任太子师。显然，朱元璋对于宋濂的才能是十分欣赏的，对他的人品也是高度肯定的。

图八　朱标像

太子朱标，有着与他父亲完全不一样的气质。朱元璋主张严刑酷吏，太子却呼吁仁者爱人。《名山藏》记载这样一件事情。一日，朱元璋大发雷霆，大开杀戒。朱标却劝谏道："陛下杀人过滥，恐伤和气。"朱元璋当时没有作声。第二天，他将一条棘杖放在地上，让太子捡起来，看着满身刺的棍杖，太子正为难时，朱元璋意味深长地说："儿啊，你怕有刺不敢拿，我就是要把这刺帮你拔掉了再交给你，岂不是为你好！我所杀的都是天下坏人，内部梳理清楚了，你才好当家啊！"朱标似乎没有感觉到父皇的苦心经营和对他的耐心教导，依然拧着脖子跟朱元璋较真，一本正经地说道："上有尧舜之君，下有尧舜之民！"上有仁慈宽容的皇帝，下才会有盛世良民，这句话彻底激怒了朱元璋，随手拿起椅子就往朱标身上砸。还有一件事情。洪武七年(1374)，孙贵妃去世，朱元璋悲痛不已。因孙氏无子，便命第五子周王朱橚行慈母服三年，东宫太子朱标也要服丧。朝廷一片哗然，文臣们纷纷反对这个违反古礼的行为。饱读诗书礼仪的朱标，坚决拒绝守孝，朱元璋气得拔剑而出直指太子。朱标的这些行为，完全是儒家教化的结果。我们似乎可以认为，他已经成为宋濂的"灵魂代言人"了。

3. 游钟山

成为王世子的授经师傅之后，宋濂还是有不少闲暇时间。至正二十年（1360）的冬天，他独自待在官舍之中，以著书自娱，不时会客论道，日子也过得颇为安逸。这时，戴良寄来了三首辞别诗。他已经辞去了婺州学正一职，用隐居保持对元朝的忠诚。他还对宋濂的处境表示担忧，“昔与君别日，妾蚕初弄丝。何意时运倾，寒衣今已治”。满怀遗民意识的戴良更对朱元璋新政权表示出极大的不信任：“云路多鹰隼，烟波有虞机。”他劝说宋濂回心转意，也表达自己的意志：“韶颜忌凋落，华志惊变衰。安得君子心，不随年岁移。”无论境况如何，保持初心却是最宝贵的。挚友的这些诗句，在宋濂的心中荡起阵阵涟漪……

转眼又到初春，宋濂来到应天城已经一年了。平日里，除了读书、教书和著书，几乎没有安排外出游玩，多少有些缺憾。遂在二月间，他邀集刘基、夏煜等几位好友同游钟山，好好体会一下六朝古都的风韵，写下了著名的游记《游钟山记》。

南京城市布局被称为“龙盘虎踞”。“龙盘”就是雄伟壮观的钟山——宁镇山脉的主峰。钟山古名金陵山，南京别称“金陵”就是因其而得名。山中古迹众多，古朴幽深，沿途“碧石青林，深邃如画”，美景不断，隔绝了都市的喧嚣。宋濂漫步在山道上，细数着昔日钟山的佛寺道院、亭台泉石。草木丛生的园苑遗址，六朝遗留的苍天古松，回荡着历史的倾诉。盛开的松花、绝妙的碑刻书法、精致苍翠的柏树，都让人流连忘返……

登高凭眺，扬子江浩浩荡荡，如同一条玉带，穿行环绕，江上的三山矶和白鹭洲依稀可辨；天阙、芙蓉诸峰，与天际线相接，出没于云端；鸡笼山的落星涧水，又仿佛九天银河入人间，流水之音不绝。天然大观似乎可以万古永恒，而人造名胜却如同沧海一粟。东吴开凿的玄武湖，此时枯涸已久。南朝在湖中祭祀黑龙的三神山，也在淅沥烟雨中随风散去……

图九　紫金山

钟山从不缺乏历代文人墨客的摹写和抒怀。这篇游记未必是钟山诗文中的翘楚，却是宋濂台阁生涯中少见的“山林之文”。然而，钟山充满着帝王之气、佛道之息，绝不同于默默无闻的一般山野。宋濂在游记中的平铺直叙，将这种气息充分表达出来，显然不是山林之文的“气枯以槁”。

他将山川花木与典章文物融为一体，把山水之游视作修身养性、寻求文气的途径。

他在描述雄壮秀美的自然山水的同时，还详细描绘了隐藏于山水之中的名胜古迹，借景寄托“放怀山水窟”“老死烟霞中”的感慨和志趣。

这是宋濂作为一位文人儒士的理想。他一直对游历名山大川抱着殷切期望，并将其视作养气作文的手段之一。司马迁周游天下之后，创作了彪炳千古、烨烨奇气的《史记》。这对宋濂来说，简直就是一种高不可攀的境界。束缚在官廨文海的因循规矩之中，他期冀着“吸风吐云，一洗胸中秽浊”的机会，“奋迅吐一奇崛语”！

某种程度上说，这篇《游钟山记》也是宋濂对戴良的回应。在一片萧条荒芜中，宋濂能够发现细微的生机、明快的色彩。纵然山中有猛虎，他也要适可而止地探究一番。他的态度是积极进取的，没有戴良身上浓重的失落感、负罪感。钟山如同即将诞生的大明王朝，终将恢复昔日的非凡地位。行走在钟山的宋濂，也将步入“文章首臣”的位置。

4. 颂圣的才华

至正二十三年(1363)五月，朱元璋专门建了一所礼贤馆，供陶安、夏煜、刘基、章溢、宋濂、苏伯衡、王祎、许元、王天锡等名儒居住。宋濂后来在章溢的墓志铭中回忆道：他们“同馆于青溪，同出入禁署，以备顾问”。从此以后，朱元璋的儒者智囊团就有了固定的场所，“与论经史，及咨以时事，甚见尊宠”[①]。南京城内文教儒雅的气氛日渐浓郁。然而，南京城外却是硝烟密布，一场关系到朱元璋政权生死存亡的大决战已经展开。

从至正二十年(1360)开始，朱元璋与长江中游的陈友谅势力不断碰撞，但胜少败多，没有占到什么便宜。最大的短板就是朱元璋的水军力量太弱，难与塞断江、撞倒山的陈友谅舰队相抗衡。至正二十三年(1363)四月，陈友谅倾全部六十万兵力围攻洪都(今南昌)，朱元璋却正在率大军攻打张士诚控制下的庐州(今合肥)。直至七月，朱元璋才下定决心，与陈友谅展开生死决战。徐达、常遇春以及李善长、刘基等名将、名士倾巢出动，但军队总数仅有二十万人，对比悬殊。整个夏天，鄱阳湖上战舰穿行，杀声一片。依靠着胆识和谋略，还有幸运，以少胜多成了现实，朱元璋笑到了最后。这一场史诗般的胜利，牢牢奠定了朱元璋的霸主地位。

令人费解的是，根据《潜溪集》的记载，八月十一日，尚在前线的朱元璋居然给后方的宋濂写了一首诗：“聪明心地实无欺，灿灿文章真可梯。论道经邦谁解及，等闲肯与佞人齐?”此时，战争正在激烈进行之中，直至八月二十六日才结束。诗文内容赞扬宋濂的文笔和经世学问，与当时的形势毫无关联。朱元璋也没有这份闲心。礼贤馆内的诸先生，恐怕也没有谁能够静心问学作文，而是在焦急着关注战局走向吧。

① 《明太祖实录》卷一二“癸卯春五月癸酉”。

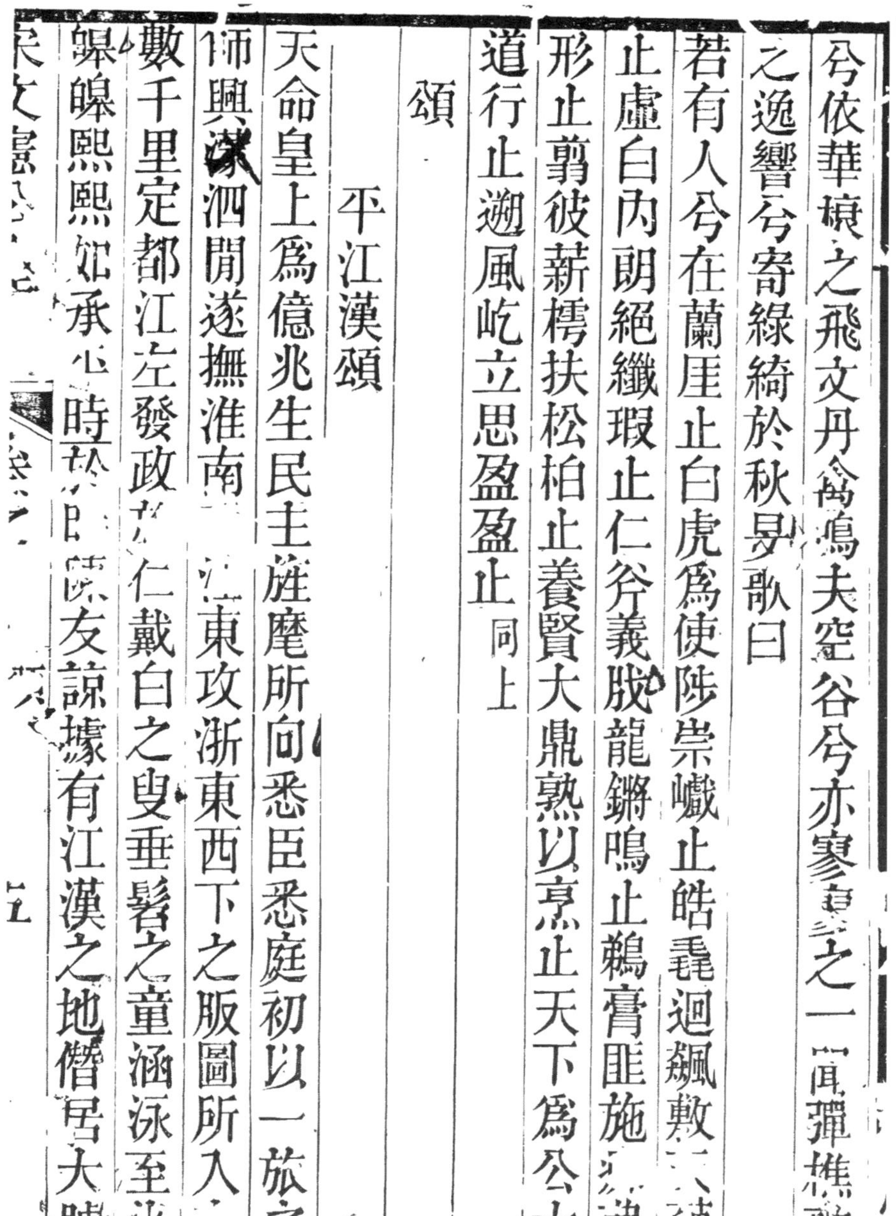
兮依華榱之飛文冉翁鳴夫窔谷兮亦寥寥之一聞彈樵歌
之逸響兮寄綠綺於秋旻歌曰
若有人兮在蘭厓止白虎爲使陟崇巘止皓毳迴飆敷[illegible]
止虛白内朗絕纖瑕止仁谷義胑龍鏘鳴止鵷膏匪施[illegible]茀
形止翦彼薪槱扶松柏止養賢大鼎熟以亨止天下爲公大
道行止遡風屹立思盈盈止 同上
頌
平江漢頌
天命皇上爲億兆生民主旌麾所向悉臣悉庭初以一旅之
師興濠泗間遂撫淮南[illegible]江東攻浙東西下之版圖所入[illegible]
數千里定都江左發政施仁戴白之叟垂髫之童涵泳至化
皞皞熙熙如承[illegible]時於[illegible]陳友諒據有江漢之地僭居大號

图十　《平江汉颂》

当胜利的消息传回应天，礼贤馆的任务也随之到来：记录下这次战役的经过。馆内的儒士，都没有亲眼见证，只能从前线班师的将士嘴里听说。即便如此，这个政治任务必须完成，而且落在宋濂头上。他几乎一气呵成写下了《平江汉颂》。

宋濂在开篇便赞扬了朱元璋的所向披靡和仁义治理，并非主动挑起战争：

> 天命皇上，为亿兆生民主，旌麾所向，悉臣悉庭。初以一旅之师，兴濠泗间。遂抚淮南、平江东、攻浙东西，下之。版图所入，方数千里。定都江左，发政施仁。戴白之叟，垂髫之童，涵泳至化。皞皞熙熙，如承平时。

与之鲜明对比，陈友谅的忘恩负义和残暴贪婪，才是引发兵祸的主要原因。然后，宋濂详细记录了鄱阳湖大战惊心动魄的过程和结局。在此，他再一次使用比较的方式，总结道：

> 然赤壁不过一焚而走，淝水亦不过军乱而奔，初未尝大战也，史臣且书之，以为千古美谈。矧今湖口之捷，血战累日，天地为之晦冥，日月为之无光，山河为之震荡，其神功骏烈，炳耀铿锵，与天无极。较之二国，未足多让，而歌咏不作，非甚阙典欤？

这篇颂文充满"顺天平逆"的逻辑，又不乏形象生动的描摹，颂圣之意跃然纸上。"台阁之文"的气势，由此可见。该文一面世，便成为人人传颂的名篇，成就了宋濂在台阁文体上的地位。从此以后，收获军事胜利的朱元璋，当对宋濂的文笔刮目相看，原来后方还有如此文采之士！朱元璋那首时间不明的赞诗，应该在此时才写出来，用来表彰宋濂的文笔恰当其时。

5. 告病还乡

《平江汉颂》轰动一时，朱元璋与宋濂的接触日渐频繁。

至正二十四年(1364)四月的一天，朱元璋晋升为吴王还不到三个月，在白虎殿外突然痛哭流涕。他对陪同的宋濂等人说：我的父母一辈子都贫困潦倒，如今“化家为国”，却不能报答他们，真是叫人心痛！因此，他命令宋濂等，记下父母的忌日，“岁时享祀以为常”[①]。过了三天，朱元璋第二次给宋濂题诗道：“景濂家住金华东，满腹诗书宇宙中。自古圣贤多礼乐，训今法度旧家风。”显然，朱元璋十分赞许宋濂从父母祭祀之制，再到国家礼制的各方面创设。

五月十三日，朱元璋又在白虎殿与宋濂、孔克仁谈论帝王之道。十月，任命宋濂为起居注，正四品官。宋濂贴身服侍左右，与朱元璋交流的机会更多了，“知无不言，补益甚众”。

宋濂十分注意启发、引导帝王的手段。至正二十四年(1364)前后刊刻的《潜溪后集》就收录了五十首《演连珠》。这是一种较为特殊的文体，继承自唐宋时代的文学规谏传统，以君臣论道、比喻讽刺的形式，点出邦国治理、帝王立身的道理。宋濂在序文中专门强调了“为体不指说事情，必假喻以达其旨，而览者微悟，合于古诗讽兴之义”。他主动进呈这些作品，对朱元璋思想行为上的偏差提出规诫。

到了第二年正月，开始出现朱元璋单独与宋濂坐而论道的记录。宋濂向朱元璋推荐了《尚书》和真德秀的《大学衍义》，认为这些书才是真正的“帝王之学”。朱元璋“览而大悦”，让人将内容写在墙壁上，不时看上几眼。此时，朱元璋的侄子朱文正在江西欲图谋反。阴谋暴露之后，朱元璋于正月二十五日亲自前往处置。宋濂及时地给予建议：“生之而置诸远地。”朱元璋采纳宋濂的意见，将本该被处死的朱文正发配桐城，平息了事态。

三月，宋濂来到应天的第六年。五十六岁的他突然一病不起。朱元璋接连几次上朝都要询问宋濂的身体状况，情深意切。在连续几天都不见好转的情况下，朱元璋只好下诏书，让宋濂归养金华。

朱元璋一生厉行节约，对于黄金等奢侈品的消费都有严格的规定，当时还有严格的车禁——相国以下官员，不得备车。但是在宋濂归养之

① 《明太祖实录》卷一四“甲辰四月乙未”。

际，朱元璋不仅赐予府库的黄金并绑上束帛，而且为了让宋濂出行方便，还派人专门造了一种安车，由六个壮丁抬杠而行。不仅如此，太子朱标也拿出丝帛白金等礼物送行。返回潜溪之后，朱元璋与宋濂之间的信件往来频繁，特别是朱元璋在一封信里说道："先生刚生病的时候，挺想让你在京城就医养病。但是回头想想，即使身体健康的人都会情不自禁地思念故乡，何况先生病着，妻儿又不在身边，伺候汤药之类的不方便，又容易伤情，所以才让先生归家专心养病。国事繁忙，没有派遣人过去问候……"在这些语句中，我们看到的不是运筹帷幄、雄心壮志的朱元璋，而是作为人君的细腻与关切。

相形之下，江南其他群雄对待文人儒士的态度和手段就要逊色不少。例如，张士诚也一度开设弘文馆，筑景贤楼，招纳宾客，一时幕僚数以百计。但是他却不擅于甄别儒士优劣，一律厚礼相待，来者不拒。最终的结果只能是贪利奸佞、平庸无能之辈日益增多，有识之士反而大失所望，背而弃之。陈友谅和方国珍等人，军阀性格明显：刚愎自用、滥杀无辜，根本不会虚心纳谏。因此，他们都无法获得士大夫的广泛支持和有力辅佐，难免走向没落和失败。

三、天命学说

1. 北伐檄文

至正二十七年(1367)九月、十一月,朱元璋先后击败苏州张士诚和宁波方国珍两个割据势力,将长江中下游地区全部纳入自己的统治范围,真正具备了统一天下的气势。次年正月,朱元璋正式称帝,定国号为明,改年号为洪武。新的王朝在应天建立起来了。

宋濂回乡休养,又经历了父亲的离世。他一边养病,一边服丧,渐渐恢复起来。至正二十七年(1367)四月,他还搬了一次家,从金华迁回浦江的青萝山房。他何时返回应天,并没有十分确切的史料记录。在《明实录》的记载中,洪武元年(1368)闰七月,宋濂与朱元璋已经在当面谈论如何治理天下、达到长治久安之问题了。[①]朱元璋那份著名的北伐檄文,一直公认为系宋濂起草的。而北伐出征的时间是至正二十七年(1367)十月。无论如何,宋濂重返应天之时,整个政治形势已经翻天覆地了。

这场从南京出征的北伐,是中国历史上屈指可数的由南往北的统一战争。宋濂起草的《谕齐鲁河洛燕蓟秦晋民人檄》,是配合武力攻克的舆论战。

檄文一开始就抛出“天命论”的立场。

元朝作为第一个少数民族的统一政权,开创了用吉祥字词作为国号的新时代。明朝无论是国号,还是制度创设的诸多方面,都受到了元朝的影响。为了论证大明的正统性,那么,最重要的因素就是“天授”,所以

① 《明太祖实录》卷三三“洪武元年闰七月丁卯”。

才会“四海之内，罔不臣服”。

但是，病入膏肓的元朝到了“天厌其德而弃之之时”，纲常败坏，生灵涂炭，需要降生圣人来承担起“驱逐鞑虏，恢复中华，立纲陈纪，救济斯民”的大任。这个人就是“淮右布衣”的朱元璋。他之所以能够“居金陵形势之地”，并能够在十余年间做到控制范围的扩大，“西抵巴蜀，东连沧海，南控闽越，湖、湘、汉、沔、两淮、徐、邳，皆入版图，奄及南方，尽为我有”，都是“恭承天命”的结果：“我中国之民，天必命我中国之人以安之，夷狄何得而治哉！”

在天命论的感召下，朱元璋号令北方民众，“归我者永安于中华，背我者自窜于塞外”。即便是蒙古、色目异族，“同生天地之间，有能知礼义，愿为臣民者，与中夏之人抚养无异”。这也承认了中华大地上多民族的事实，只要在王朝政治秩序上臣服，同样不会改变他们定居中原的既定事实。

拒绝仕元的宋濂在檄文中痛快地表达出此时的心境。早在元朝时，宋濂就持有强烈的“天命论”。他在自撰的《国朝名臣序颂》中就说道：“我皇元受天明命，抚安方夏，天戈所指，万方毕从……故功成治定，若是之神速也。”他与诸多汉族士大夫一样，认为元朝获得天下，是天命所归，不可违背。同样是天命，元朝的覆灭不可避免。这一思想通过宋濂等儒士，又深深影响了朱元璋。

随着朱元璋的节节胜利，宋濂非常敏锐地抓住了时势的关键点：将朱元璋一统天下的野心用历史趋势、家常道理以及铿锵有力的语言装裱起来。利用胡汉之间的矛盾，来遮掩明朝取代元朝的目的，唤起北方绝大多数汉人的自尊心，增加朱明政权的合法性。檄文一出，就产生了巨大的感召力。北方的普通民众和士大夫普遍支持和拥护，取得了广泛的社会支持。很多地区不战而降，连蒙古人、色目人也是闻风降附或弃城逃跑。朱元璋的心里十分明白：宋濂这篇檄文的作用，并不亚于驰骋沙场的将士们。

謏錫羨於後昆其羨之都孰侈孰舒孰形匪圖古亦有言其
年曰耆或至於期頤是繪是摹儷美而同趨九藍之山有石
巖巖白麟之水其流疊疊眉壽無有害與之同體壽俊之良
髮素而眉龐茀祿具慶叶流榮於鄉匪榮於鄉實邦家之光
洪武七年九月望日前具官宋濂述 芝園前集

國朝名臣序頌

帝王之興必有不世出之人豪以自赴雲龍風虎之會易所
謂聖人作而萬物覩者是已我皇元受天明命撫安方夏天
戈所指萬方畢從是故一鼓而諸部服再鼓而夏人納款三
鼓而完顏氏請降四鼓而南宋平東西止日之出入罔不洽
被聲教其惟帝臣雖睿謀雄斷動無不勝亦賴熊羆之士不
二心之臣有以誕宣天威故功成[redacted]定若是之神速也自今

图十一 《国朝名臣序颂》

2. 翰林学士

吴国公的礼贤馆，随着新王朝的降临也该升级换代了。

至正二十七年(1367)五月，朱元璋创立翰林国史院，作为国家储备人才的重要机构。时任饶州知府的陶安被召为首位学士。第二年定名为翰林院，凡国家制度、礼乐文教之事，大多是由陶安所制定。洪武二年(1369)正月，正式确定翰林官制，有学士、待制等职。此后，朱元璋多次征召儒士并授予翰林编修官职，一度达到三四十人之多。明初翰林院成员，几乎都是来源于荐举一途，与此后必须由科举进士入翰林的格局完全不同。

洪武二年(1369)六月，宋濂被授予翰林学士、知制诰、兼修国史。

这一串名称是什么意思呢?

此时的翰林学士官阶较高，日常事务就是公文起草、备顾问、上书言事等。知制诰则是起草皇帝的诏书、文武官人任命的诰命等。经由皇帝修订之后，正式发布。“兼修国史”更多是一种荣誉称号，反映出个人地位和皇帝恩宠。当然，宋濂也实际承担了国史编纂的任务，成为史官。明代的翰林院一直承担有修史的职能，所以又有“史馆”或“史局”之称。

这个职位，二十年前的元朝皇帝就打算授予宋濂了。至正九年(1349)，因为危素的推荐，科举不成功的宋濂有机会“以布衣入史馆”，是“儒者之特选”，无比的荣耀。进入翰林国学史院之后，宋濂还有可能编撰位列二十四史的《辽史》《金史》和《宋史》三部正史。然而，他却将这个梦想推迟到二十年后再实现。元廷也不会料到，这个宋濂未来会以新朝翰林的身份，书写它的历史。

3.《元史》工程

宋濂被授予翰林学士时，已经着手进行一项宏大工程——编修《元史》。

洪武元年（1368）八月，经过十个多月的鏖战，北伐大军终于攻克元大都（今北京）。朱元璋下令，总兵官负责将元朝宫廷收藏的典籍，以及各类有用文献，全部收集，运往南京。这些文献资料当中，最有价值的就是元十三朝的《实录》以及本朝典章制度的汇编《经世大典》。元朝时还只是贫民的朱元璋，看到这些经由各族上层文士编写的书籍时，心中肯定激动不已：国史典籍的俘获，同样宣告了元朝统治的彻底结束。次年二月，他便下诏纂修《元史》。修史局设在南京的大天界寺[①]。左丞相李善长担任监修，宋濂、王祎为总裁，并征召汪克宽等十六位"山林遗逸之士"承担具体的纂修工作。朱元璋对这一文化工程十分重视，表达这样的期许：

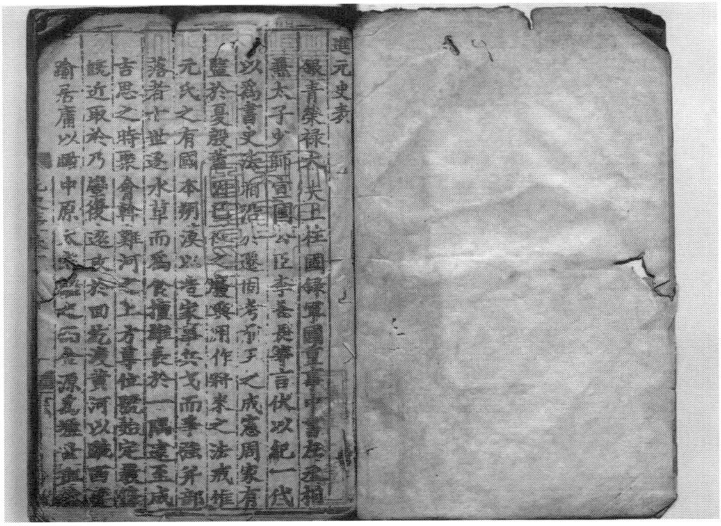
進元史表

图十二 《元史》书影

① 天界寺始建于元朝，在南京城中闪驾桥北龙河（今朝天宫东侧），是明初南京城内的五大寺之一，管理佛教的僧录司就设在寺内。

图十三　天界寺

元主中国殆将百年。其初，君臣朴厚，政事简略，与民休息，时号小康。然昧于先王之道，酣溺胡虏之俗，制度疏阔，礼乐无闻。至其季世，嗣君荒淫，权臣跋扈，兵戈四起，民命颠危。虽间有贤智之臣，言不见用，用不见信，天下遂至土崩。然其间君臣行事，有善有否，贤人君子，或隐或显，其言行亦多可称者。今命尔等修纂，以备一代之史，务直述其事，毋溢美，毋隐恶，庶合公论，以垂鉴戒！[①]

官修史书，自然要符合最高统治者的意愿。朱元璋的一席话，与北伐檄文的态度相同，确立了《元史》的编纂思想。他承认元朝的正统地位和历史贡献，并没有完全否定的意思。洪武三年(1370)，李文忠抓到了元顺帝之孙买的里八剌以及宝册数本，并送至南京。许多朝臣建议朱元璋举行献俘仪式。但他却说，宝册收归国库，不必大张声势。“元虽夷狄，入主中国，百年之内，生齿浩繁，家给人足。朕之祖父，亦预享其太平。虽古有献俘之礼，不忍加之。只令服本俗衣以朝，朝毕，赐以中国衣冠，就令谢”[②]。因此，他让文臣们编撰《元史》，也是希望继续掌握天命和正

① 《明太祖实录》卷三九“洪武二年二月丙寅”。
② 《明太祖实录》卷五三“洪武三年六月癸酉”。

统的话语权，总结元朝失败原因，塑造出大明王朝的形象，笼络人心。

既然是新一轮的舆论战，《元史》的修纂进度当然是越快越好。宋濂就自称被使者驱赶着奔赴史局，“急于星火”。半年后，初稿草成。但因元顺帝无实录可参考，有所缺失。宋濂等人拟定条目提纲，派遣欧阳佑持、吕仲善、黄盅等人，“遍行天下”搜罗史料，找到不少碑铭、墓志、家传以及诏令、奏章等档案材料。洪武三年（1370）二月，朱元璋下诏续修《元史》。原班人马在五个月后就完成了。整部《元史》共有本纪四十七卷、志五十三卷、表六卷、列传九十七卷、目录二卷，共计一百六十一卷，一百三十余万字，正式刊行。这应该是正史中修纂速度最快的一部。后人评论道：“古今史成之速，未有如《元史》者。”[①]

4. 千秋之鉴

大凡对二十四部正史的评价，总有一代不如一代的感觉。《史记》几乎堪称完美，《汉书》《后汉书》《三国志》还算上乘，此后则官方色彩愈来愈浓，毛病不少。《元史》不但是在皇帝授意下编修的，而且成书如此之快，必定受到后人的诟病。

《元史》必须体现出“天命”的政治态度。对于红巾军起义，《元史》将倡导者韩山童、刘福通视为“妖人”作乱，“河南及江淮愚民皆翕然信之”[②]。实际上，朱元璋当年就与这些“愚民”和“妖人”为伍。但《元史》却话锋一转，“大明皇帝起兵，自和州渡江，取太平路。自红巾妖寇倡乱之后，南北郡县多陷没，故大明从而取之”[③]。朱元璋的军队本来就是红巾军的一部，这里却用大明军来掩饰。《元史》修成后不久，朱元璋就颁布命令，严禁民间举行和尚、道士的斋醮活动，对于白莲教一类的宗教更是严

① 钱大昕：《十驾斋养新录》卷九。

② 《元史》卷四二《顺帝纪五》。

③ 《元史》卷四四《顺帝纪七》。

加提防。[①]这一切都很好理解，新朝天子不愿意民众知道他的出身是邪教乱寇，必须赶紧与过去划清界限，并且防止老百姓继续利用宗教造反。这一点，有悖于史学的秉笔直书精神，却体现了当时政治的需求。

修史人员的出身和素质也饱受争议。朱元璋之所以征召汪克宽、赵汸、陈基等人，是因为他们都没有在元、明两朝任官，凡是在前朝做过官以及在职的本朝官员，一律不取，无非想表明自己对元朝历史采取客观、公正的态度。这些文士大多出自江南一带，有的也与宋濂、王袆等熟识，有较高的文名。但是，他们也有致命的缺陷。一方面，长期隐逸，几乎都没有任何任官经历，对于元朝的典章制度并不熟悉，"迂腐而不谙掌故"。另一方面，都是汉族文士，不了解各族语言。而元朝档案文献中又有不少"国语翻译"，只能囫囵吞枣。这就造成《元史》行文中间有不少转译讹误。

更要命的是，朱元璋的耳目遍布天界寺，就连宋濂和王袆谈论饮食之事都及时地反馈到皇帝耳中。可想而知，当时史局之内的气氛是紧张而压抑的。修撰人员面对卷帙浩繁的实录、政书、档案等材料，只能大段照抄，不能有所发挥，避免惹祸。甚至一些列传也没有经过提炼加工，直接抄录墓志，不符合修史的惯例。誊录之后，也没有足够时间核对，那么，记事重复、脱漏错乱等问题自然就出现了。

应该说，《元史》的这些缺陷，受制于当时的局势和条件。作为在南京修成的第三部正史，《元史》所反映的内容颇为丰富，其疆域幅员之广大、民族宗教之多元、制度脉络之繁杂，以及修史机构的规模等方面，绝非南朝时的《宋书》和《南齐书》所能相提并论的。这部史书能够顺利按时完成，且保持着无可替代的地位，是一个了不起的成就。民国时就曾试图编修《新元史》，但其缺陷和讹误远超旧史，"很难据为史料使用"[②]，根本就无法取而代之。由此可见元史撰写的难度之大。所以宋濂在《进元史表》中谦虚而又自信地写道：

① 《明太祖实录》卷五三"洪武三年六月甲子"。

② 陈得芝：《蒙元史研究导论》，南京：南京大学出版社，2012年，第133页。

于五六月之间，成此十一朝之史。况往牒舛讹之已甚，而它书参考之无凭。虽竭忠勤，难逃疏漏。若自元统以后，则其载籍无存。已遣使以旁求，俟续编而上进。濂自愧其才识之有限，弗称三长；兼以纪述之未周，殊无寸补。臣濂忝司钧轴，幸睹成书。信传信而疑传疑，仅克编摩于岁月；笔则笔而削则削，敢言褒贬于春秋。仰尘乙夜之览，期作千秋之鉴……

5. 总裁体例

作为总裁之一，宋濂对于《元史》的贡献巨大。他确定了《元史》的基本提纲和凡例。至于其中内容的缺憾，则是由各种因素造成的，"非尽（宋）濂等之过"[①]。他对于《元史》的得失，内心是十分清楚的：

大启金匮藏，一一共评剖。
发凡及幽微，胜辩白与黝。

元朝历代各帝的"本纪"，参照《汉书》《后汉书》的写法，"事实与言辞并载"。从太祖至宁宗的"本纪"是十三朝《实录》的摘编本，既有史实叙述，也有诏令奏议原文的收录。反映元末三十五年的顺帝"本纪"，虽然没有《实录》作为凭据，但经过后期的收录，多达十卷，内容充实。为真实地还原元朝，宋濂一反先前的书写模式，将本来记载帝王传记的"本纪"中掺入佛事的记载。宋濂个人对法事颇为重视，后来在修本朝史时也详尽地记载下来。

按照《宋史》的体例修"志"的部分，达到"条分件列，览者易见"的效果。元朝中期修成的《经世大典》是重要参考。如《刑法志》就是参照《经世大典·宪典》修成的。顺帝时将档案汇编为《六条政类》，也是重要的信息来源。具体书写中，在介绍礼乐制度的《礼乐志》中叙述游历皇城，虽

① 纪昀：《四库全书总目提要》卷四六《史部·正史类二》。

不符管理，却颇具特色。

“表”按照《辽史》和《金史》的格式，一目了然，便于检索。

“列传”部分，按照后妃、宗室、诸臣、叛逆和四夷的顺序排列，综合历代正史列传的写法。主要参考了《后妃功臣列传》《国朝名臣事略》等书，也兼顾碑刻、墓志铭等材料。但对于蒙古人、色目人的传记，缺失较多。如元朝开国功臣“四杰”，遗漏了赤老温传。丞相在“表”中有五十九人，立传的不足一半。实际上，“列传”把佛教、道教人士排在最前，“不合前史遗规”，却能够反映元朝的历史特点。宋濂也虚怀若谷，听取他人的意见。他亲笔撰写了《莫月鼎传》，但被同仁批评为“语涉怪神”，不合正史体例。他便将此文从《元史·释老传》中抽出，单独刊出。

元朝开始，理学成为官方的思想意识形态，延续到明清时期。宋濂等人在编纂“儒学传”时，也反映了这样的趋势。“儒学传”一反前朝将“儒林”和“文苑”各自立传的形式，二合为一。实际上强调了儒林经术，而淡化纯粹的诗文艺术。入传人物大多数都是理学家和文章家，纯粹从事文艺的作家，以及下层文学家，如关汉卿等人，均未收录。虞集为代表的正统馆阁文学家，备受推崇。因此，“儒学传”反映了明初宋濂等儒士的价值判断和思想意识，也代表了明朝官府对于儒学各流派的立场。

历代正史在纪传、志表之后都有一定的评论文字。宋濂认为，因为《元史》内容已经“据事直书，具文见意”，因此已然“善恶自见”，不必再加上论赞了。诚然，《元史》在采用原文录抄的方式，保存了大量原始史料，是我们了解和研究元朝历史极其珍贵的文献资料。许多内容的书写方式独具一格，生动展现了较为全面的元朝社会实态，已经不需要再加上太多的评论了。

四、翰林之职

1. 应制作文

翰林院融政治、学术、文化、教育于一体，既是国家考议制度、详正文书、谘议政事的职官机构，又是国家重要的储才之所。翰林学士的职能不止是在史局修书，那只是一项临时性事务。宋濂在洪武二年（1369）至四年（1371）的这段时间里，还承担了各种职责。

在南京翰林院这样的政治空间里面，宋濂作品的台阁气息日渐浓厚。由皇帝命题，由文臣创作的相应诗文，层出不穷。奉旨应制，是翰林的基本职责，也能够展现君臣互娱的太平景象，是被命官员的一种荣誉。

祥瑞之兆的出现，是应制诗文产生最常见的一种契机。洪武二年（1369）十月的一天夜里，南京乾清宫后苑的苍松上呈现出非同寻常的景象。露珠“光润如酒，凝结如珠，肪白饴甘”，密密麻麻地挂在松枝上。霜降与松树的味道融合，“馨烈之气，鬯达左右，勃郁淋漓，薰涵太和”。朱元璋急忙让太监折下一支给群臣观赏。第二天上朝，左丞相李善长率文武百官向皇帝道贺。朱元璋却故作糊涂，让群臣讲明白天降甘露的寓意。大家心里都很清楚，这是皇帝想要听赞美之词了。于是，有人说是朱元璋“恭敬天地，辑和民人”，天人合一，所以有如此祥瑞之兆。有人说是最近“诞宽民赋，众庶欢豫”，感动了上苍。还有人认为是皇上“敬养耆老”，才有这般景象。一时间，众说纷纭。但朱元璋摇摇头，并不满意群臣的说法，早朝不欢而散。

宋濂回到家中，仔细揣摩之后，写下了《天降甘露颂》。“王者德格于上，恩覃于下”，说朱元璋减免赋役、赡养老人等理由，都没有把握到问题的重点。仿造朱元璋宣称自己起自布衣一类的言辞，宋濂写道：“皇上兴

獻臣臆三代以還用仁興國皇宜遵行永作民極　鑾坡前集

膏露頌○錦嚴本作天降甘露頌

洪武二年冬十月十有三日甲戌膏露降於乾清宮後蒼松之上皇帝特敕中官折示禁林諸臣光潤如酒凝結如珠肪白飴甘彌布松柯馨烈之氣邑達左右勃鬱淋漓薰涵太龢天休震動中外嘆嗟又明日丙子上御外朝左丞相宣國公臣善長帥羣臣稱賀上若曰甘露之降載在往牒然休咎之徵當以類應朕惡足以致斯卿等倘明為朕言之參知政事臣稼對曰聖人之德上及太清下及太寧中及萬靈則膏露呈瑞陛下敬恭天地輯和人民故天不愛道而嘉祥徽顯也起居注臣觀對曰帝王恩及於物順於人而甘露降陛下誕寛民賦衆庶驩豫感於敉甯神應之臻職此故也翰林侍

宋文憲公全集　卷

图十四　《天降甘露颂》

自临濠，匹马渡江，十五年间遂成帝业”。在此期间，诸如“彩霞成凤”“白兔俯伏”“瑞莲并萼”一类的祥瑞，“皆天之所命，非人力所致而自致者”。他十分巧妙地把事物现象转移到了朱元璋在开国初期反复宣扬的天命论。获得天命的朱元璋，“超绝之智，卓冠百王，为法万世”，得仁贤辅佐，风调雨顺，才享有祥瑞之兆。这就十分符合朱元璋借助祥瑞来宣扬自己合法统治地位的心思，成为明初应制文的翘楚。

转眼到了十一月，已经入冬。朱元璋突发奇想，在上朝时召集宋濂、危素、王祎、詹同等六人列坐两旁。佳肴美酒端上，皇帝频频举杯劝饮，不会饮酒的宋濂也喝了不少。酒足饭饱之后，朱元璋亲笔赋诗一首，并加上一段小序，命群儒各自作诗奉上。这是“应制”的另一种形式——游宴之暇，君臣以诗文唱和，文学同乐。

宋濂凭借着酒力，最快写出了诗赋。其余四人也接着完成了。朱元璋看后，龙颜大悦。老臣危素最后一个交卷，以百姓疾苦为主旨。朱元璋称赞其老成和关心民生。次日，危素把诸臣的诗文汇集成卷，请宋濂作序。宋濂结合历史，比较了唐与明两朝的饮酒赋诗。唐代在夏日饮酒，“以日长为可爱”，明代则在冬日寒冷之际，“不忘听政”，“以逸豫为戒，忧勤为劝”，不失时机地赞扬了本朝君臣。

“应制”还有一种场合：外国前来朝贡献纳之时。各种奇珍异品加上朝拜进献的仪式，足以体现出天朝上国的气度。明朝建立后，朱元璋积极谋求在南海各国恢复朝贡体制，确立“君臣”关系。南京开始迎来一拨又一拨的外国使节。

洪武四年（1371）八月，绝贡近三百年的浡泥国（今文莱一带）前来南京上贡。宋濂奉旨撰写了《浡泥国入贡记》。他依据使节的口述，记录了浡泥国的风土人情，着重描写几个外交细节：前一年，张敬之等出使浡泥。国王马合谟沙，因为“僻处海中”，如同井底之蛙，“倨傲无人臣礼”。被使节训斥之后，他幡然悔悟，连忙承认中国皇帝“为天下主，即吾之君父”，不敢违抗。之后，国王以遭受兵灾，无以为献为由，请求推迟朝贡时间。张敬之等说：“皇帝富有四海，岂有所求于王！”由此，宋濂总结道：元朝建立百余年，浡泥国都没有来朝贡。“方今圣人在上，威德之所被，无远不屈。玺书一颁，辄稽首臣顺”。他用近乎想象的外交过程衬托出皇帝的威名、明朝的强盛。

图十五　位于南京的浡泥国王墓

2. 科举试官

翰林担任科举主试，尤其是会试和京畿乡试。会试是科举考试的关键一环，而京畿（应天、南直隶）地区的乡试在全国各省具有标杆作用。翰林学士在这两个重点试场的命题、评卷、录取等工作，可以规范科场风气，提高科举水平。

洪武三年（1370）八月，宋濂首次担任应天乡试的考官。他和刘基、秦裕伯等七人，提前一天抵达试场命题，次日黎明交出考卷。明朝科举分为三场，第一场考的是四书五经，即所谓的八股文，第二场是论判、诏诰等文体的书写，第三场是经史策论，较为侧重于经世实学。宋濂的考题就属于“策论”环节，是关于元朝士人政策的评论。

元朝也实行科举选官，但次数极少，中举率低。即便有幸考上，也只授予较低官职，主要是州县佐贰，远不如宋朝和明清时代优厚。整个选官体系依靠的是胥吏，占到百分之九十的比例，明显具有"重吏轻儒"的表征。在明初较为宽松的科举考试环境中，宋濂希望借着命题和考生答题的机会，对这一现象进行反思和借鉴。

他首先提出，儒和吏并没有天壤之别。儒士探究道义，胥吏研习法律，而法律就是出自道义，所以他们同出一源。后世什么时候、为什么要将他们区别开来呢?

其次，历史上，儒士和胥吏都有优秀人才的涌现。儒士善于治理，官至大夫、侍郎者比比皆是。胥吏坚持正义和公正，封侯加爵的大有人在。这是什么原因?

同样的，儒和吏都有各自的弊端。儒士容易流于迂腐和空谈，不能干实事；胥吏善于使奸计，耍滑头，贪赃枉法。但只要儒士不迂，胥吏不奸，都是良材啊！为什么在选任官员时，只考虑出身，非儒即吏呢?

宋濂又将思路带回当前。身处大明开国盛世，皇帝英明，发誓要革除元代的吏弊。所以才有今天的开科取士。皇帝广纳天下儒士，授予高官，彻底执行了"儒术革吏弊"的方针，真可谓是"圣德至渥，度越前代"啊！那么，诸位考生认为这样的改革，先后缓急应该如何安排呢?

最后，据说在西周时，士多吏少，但现在的胥吏数量庞大，是不是可以大幅度地削减，达到"收良吏"的效果呢? 汉代通过四个不同科目取士，根据儒士的才能授予不同的官职。现在可以效法来达到"收贤儒"的效果吗?

这五个方面的问题，可谓是层层递进，将历史和现实有机融合在一起。既有对历史问题形成的追根溯源，也有对当前问题的解决办法。对儒士和胥吏的看法，没有绝对的肯定和否定，而是心平气和地讨论他们的利弊。

这样的策试题目，让人眼前一亮，彰显了新王朝对于取士用人的态度。考生们踊跃作答，提出各自的看法。宋濂和尚宝丞魏潜同居一舍。阅卷时，他们碰头商量，评定等第，意见常常不谋而合。参加此次乡试的举子有一百三十三人，最终录取超过半数。如此之高的录取率，向天下儒士表明了明朝不同于元朝的姿态。

十二月，宋濂被任命为国子监的“司业”、授予奉议大夫之称号。朱元璋在次年的颁布诰文中高度称赞了宋濂是国子监教职的不二人选，符合“明经有德”的标准，并对他提出“推明师道，以训诲诸生，必使见诸实用”的教育目标。

洪武四年(1371)是大明王朝正式开科取士的元年。三月举行会试，十一省乡试的二百名佼佼者齐集南京，力争题名本朝的第一个金榜。宋濂也作为考官之一，参与了这一盛会。

这年初，朱元璋还下了一道诏令，改变三年一次乡试的惯例，连续三年都举行，之后再恢复原来周期。这样做的目的是为了尽快揽纳足够的人才，服务新王朝，可谓是科举史上的一大奇观。于是到了八月，宋濂又一次参加了应天乡试。这次，他被皇帝钦点为主考官。宋濂十分感激地说道：今日的圣上励精图治，求贤若渴，凡是有才能的儒士，都有机会擢用，根本不像前朝还要考虑资历、出身，可谓是读书人的盛世！在这样的环境中，读书人不思报国，是狂妄；任官却不想为民服务，是懈怠；辱没名誉教化的，根本就称不上是人。

3. 议政论道

翰林儒臣的基本职责还有“备顾问”。所谓的“顾问”，就是议政和论道。黄佐的《翰林记》就归纳为：“咨询理道，商榷政务，评骘经史，而使之援据古今以对。”[①]一方面，翰林以朴素务实的文辞，旁征博引，评议国家政事。另一方面，皇帝读书只要遇到“句读字义未明者，必召翰林儒臣质之”[②]。拥有渊博学识的翰林，随时指导经史书籍的阅读理解。

宋濂更擅长与帝王论道。洪武三年(1370)二月，他和王祎在东阁给

① 黄佐：《翰林记》卷八《备顾问》。

② 黄佐：《翰林记》卷九《讲官趋召》。

朱元璋讲解《大学》第十章。讲到“有人有土”一节时，两人反复解释，强调人心的重要性，让皇上理解这一道理。朱元璋很快掌握了其中的要领，说道：人民是国家的根本，德行是君主立身的根本。厚德的君主能够让百姓敬重和安心，这样才能巩固国家。有了仁厚的德行，人民才像依附父母一样归附君主。取得了人心，自然就会得到土地和财富。[①]显然，朱元璋不但理解了这段儒家经典，还以政治家独特的眼光加以发挥，真正将其转化为治国之手段。

宋濂对于政事的评论十分有限。洪武三年(1370)五月，朱元璋曾因为功臣的封爵问题，与宋濂彻夜讨论。宋濂以汉唐时代的制度和经验，据理解释，确定了五等封爵制。六月，朱元璋又征召浙西、江西等地的富民，当面训导纲纪法度、赋役供给等问题，宋濂、王祎、詹同等儒士陪同左右。

宋濂并没有过多参与朝政，但在洪武三年(1370)七月，却因“坐失朝”的原因被降职为翰林编修。这一天恰好是完成《元史》编修的第五天。根据今人的考证，应该是朝中奸人如胡惟庸、杨宪等人的妒贤嫉能、诽谤诬陷所致。[②]

祸不单行。

降职不到一年，宋濂又因看不惯孔子庙学的种种不符合礼制之处，写了一篇《孔子庙堂议》，认为当今世上没有用古礼祭祀孔子，反而是“亵礼”之举。不料，这让朱元璋大发雷霆，认为“不以时奏”。事实上，朱元璋十分重视孔子的祭拜，亲自倡导引领，初步形成了祭孔的基本规制。[③]宋濂却在此时批评祭祀仪式，无疑触犯了朱元璋的龙颜。八月，宋濂被贬为江西安远县的知县，逐出南京。

① 《明太祖实录》卷四九“洪武三年二月辛酉”。

② 徐永明：《文臣之首——宋濂》，杭州：浙江人民出版社，2007年，第176—179页。

③ 朱鸿林：《明太祖的孔子崇拜》，《中国近世儒学实质的思辨与习学》，北京：北京大学出版社，2005年，第70—119页。

五、殚精竭虑

1. 复官还朝

平步青云的宋濂，却突然因为一件不大不小的事情遭到贬斥，仿佛挨了一头闷棍。其实，朱元璋在给宋濂摆脸色。

北方战争进展顺利，蒙古势力已经无力进犯中原，还被明军多次出塞追击。大明王朝的江山看起来已经十分巩固了。反观南京城内，儒士越来越多，参政议政、制定制度，也忙得不亦乐乎。儒士的贡献，朱元璋是看在眼里的。但作为政治家和军事家，朱元璋也不断感受到了儒士们的迂阔，心中的厌烦与日俱增，逐渐脱下了礼贤下士的外皮。他对宋濂坚持古礼的反感就说明了这一微妙变化。当然，朱元璋首先开刀的还不是这群主动依附的浙东文士，而是在元朝当过官的人。危素就是十分典型的代表。在洪武四年、五年(1371、1372)间，皇帝几乎是天天看他不顺眼，时常找机会羞辱一番。最后，以亡国之臣、不祥之物为理由，将他打发出京城。不久，危素就郁郁而终了。

宋濂的才华，是儒士中的翘楚。朱元璋虽有一些厌恶之感，却还不能一脚把他踢开。宋濂贬官三个月后，就收到了朱元璋召回的命令，重返南京。洪武五年(1372)正月，当他接到危素的死讯时，撰写了一通墓志铭，就说到自己还在“待罪禁林”。其实就是一边背负罪名，一边继续服务皇帝。

召回之后，朱元璋没有马上恢复其翰林职位，而是任命宋濂为官阶较为低微的礼部主事。洪武五年(1372)六月，句容县张观的园子产了一颗奇特的西瓜，以为祥瑞之物，经由礼部呈献给皇帝。朱元璋与丞相汪广洋、胡惟庸等人一同观赏，由宋濂写下《嘉瓜颂》，自称是“翰林学士”。

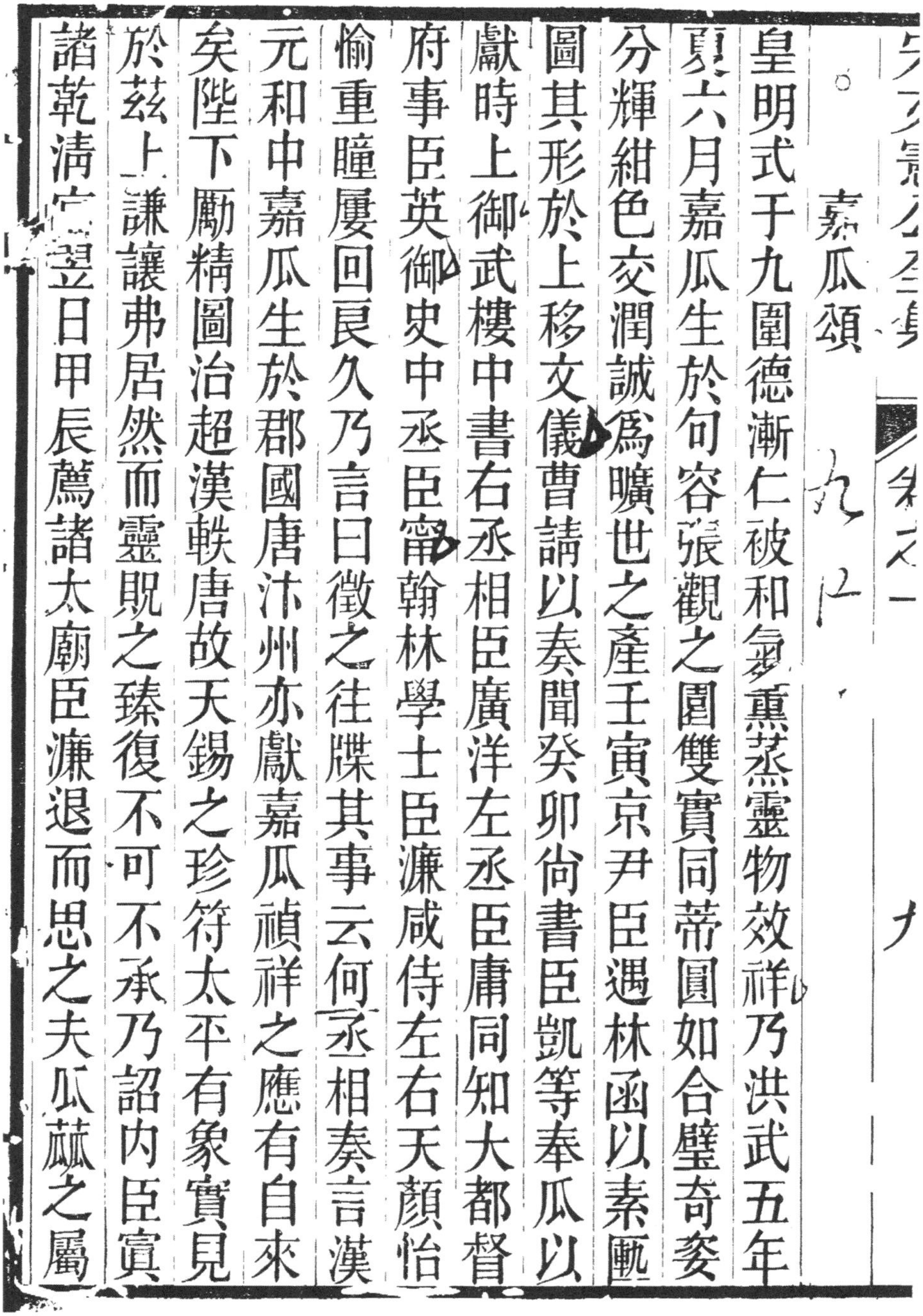

宋文憲公全集　卷之一

嘉瓜頌

皇明式于九圍德漸仁被和氣熏蒸靈物效祥乃洪武五年夏六月嘉瓜生於句容張觀之園雙實同蒂圓如合璧奇姿分輝紺色交潤誠爲曠世之產壬寅京尹臣遇林函以素匭圖其形於上移文儀曹請以奏聞癸卯尚書臣凱等奉瓜以獻時上御武樓中書右丞相臣廣洋左丞臣庸同知大都督府事臣英御史中丞臣寧翰林學士臣濂咸侍左右天顏怡愉重瞳屢回良久乃言曰徵之往牒其事云何丞相奏言漢元和中嘉瓜生於郡國唐汴州亦獻嘉瓜禎祥之應有自來矣陛下勵精圖治超漢軼唐故天錫之珍符太平有象實見於茲上謙讓弗居然而靈貺之臻復不可不承乃詔内臣賔諸乾清宫翌日甲辰薦諸太廟臣濂退而思之夫瓜蓏之屬

图十六　《嘉瓜颂》

此文可能在时间上有讹误。若是在洪武五年(1372),宋濂只是一介七品小官,根本没有恢复翰林身份。当年十二月擢升为太子赞善大夫。直到洪武六年(1373)七月,才擢升为翰林侍讲学士、知制诰,“复翰苑之清华”,算是完全恢复了旧日的地位。

宋濂对这次变故心犹戚戚,真正意识到了政坛的险恶。洪武六年(1373)九月,皇帝任命他为中顺大夫,有资格参与中书省大政时,宋濂婉拒了。中书省是宰相机构,一人之下万人之上的政治中枢。能够介入中书政务,就可以掌握极大的政治权力。但是宋濂对该角色的风险、危险都有十分清晰的认识,强调自己只有“文墨”特长,且“待罪禁林”,所以不愿就任。

2. 煮茗玉兔泉

礼部主事,只有正七品,远不如此前的翰林学士的地位。授予这样的职位,可以看出朱元璋仍然对宋濂书生意气的讽刺:“既然你这么喜欢恢复古礼,那就去礼部当个小主事吧!”

从洪武四年(1371)底到五年(1372)十二月,朝廷没有授予宋濂任何重要任务。这一年间,他以主事身份参与了三次祭祀活动。

第一次是洪武五年(1372)正月,朱元璋举行了一次佛教法事。皇上从奉天殿出发,前往蒋山的太平兴国禅寺,创设并举行广荐佛会,超度乱世中的亡灵。宋濂奉命撰写记录,描摹了整个仪式的全过程。文末提到朱元璋在全国推广安抚孤魂野鬼的厉坛,可谓是“仁之至者”。文章的立意和总结,在政治上无疑是正确的。但这篇《蒋山广荐佛会记》似乎流传不广,许多官员误以为皇上转而崇拜佛教,蠢蠢欲动。朱元璋在这次佛会之后还专门发布一条上谕,表明了与佛教“不谄不慢”的立场,禁止群臣布施田产钱财。[1]

① 《皇明宝训》卷四《谕群臣》。

第二次是洪武五年(1372)六月,朱元璋赴北郊祭祀。他让扈从的十二位文士作诗,对斋所旁的山栀花作赋。宋濂和礼部尚书吴琳等人都遵命写出了作品,但朱元璋似乎对他们无动于衷,唯独欣赏新进士萧执的诗赋,"遍示诸臣,宠誉倾一时"①。

第三次是洪武五年(1372)十一月,举行郊祀大典。作为国家重大典礼,群臣纷纷赋诗纪念,邀请宋濂作序。值得一提的是,这次赋诗活动还是在典礼前夜宿斋宫时开展的。

可见,这三次隆重的祭祀活动宋濂都参加了,但官阶低下,不过是配角而已。可以说,这一年来,宋濂虽身处京城,却淹没在群臣的身影背后。不求有功,但求无过吧。

平淡的日子需要调剂。

洪武五年(1372)九月十五日,宋濂携子宋璲拜访好友、时任晋府录事的张孟兼。他们是同门,都求学于闻人梦吉,还共同编修《元史》,可谓是志趣相投。两人在国子监聚首,秉烛对坐。不久,晋府参军熊鼎、兵部郎中刘崧、太常吕仲善等人陆续来到,演变为一场文士的诗文聚会。大家交谈甚欢,无比惬意。

张孟兼让侍从去玉兔泉取水沏茶,款待客人。这口泉水的来历可不简单。它位于学宫(今夫子庙)东侧,传说是南宋奸臣秦桧所开凿,清澈甘甜,号称"以清美为建业城中第一"②。在明初还能见到秦桧亲笔铭刻的"玉兔泉"三字,凡是来学宫的读书人都要品尝一番。众人品完泉水所沏之茶后,张孟兼拿出新创作的《玉兔泉铭》供大家欣赏。这篇铭文现已失传,但据宋濂《玉兔泉联句引》描述,文中旨在讥讽世人因秦桧而不识泉水清美。

借着兴致,张孟兼煽动众人一起联诗:"今夕何夕,胜友如云,不可无以为娱,请举泉联诗何如?"大家纷纷响应,争奇斗艳,妙句不绝。直到二鼓时分,联诗才告一段落,卧榻而睡。

次日清早,各自奔赴衙门上班,不告而散。张孟兼让宋璲用小楷将

① 《明史》卷一三七《萧执传》。

② 刘基:《玉兔泉铭并序》。

图十七　南京玉兔泉

集体创作的诗句抄在铭文之后，请宋濂作序。宋濂十分感怀，“人事聚散，如风中飞花”，花在空中回旋漂泊，没有固定的痕迹。诸位文士从不同地方来到南京，团聚联诗作乐，聊慰任官之余的寂寞寥落。这次雅集如同飞花一般绚丽而短暂，不仅是缘分，更是天意！

“逸态闲情”总是文人追求的理想状态，尤其是在官场不如意之时，恰逢如此诗文盛会，更容易留下深刻印象。五年以后，张孟兼赴山东担任提刑按察副使时，还拿出这卷《玉兔泉铭》请宋濂重新题字。他们依然念念不忘当年的场景。

3. 推贤举能

随着太子师和翰林学士身份的逐步恢复，宋濂的活动范围不再限于外朝的礼部衙门，有更多的机会进出大内，与朱元璋的见面次数又频繁起来。

洪武六年（1373）正月，朱元璋在武楼便阁召见太子赞善大夫宋濂、御史中丞陈宁两人。君臣谈及美好祥瑞的感应，也可能讲到几年前的天降甘露等祥瑞之兆，朱元璋一时兴起，让侍从取出宫中所藏膏露，一颗颗玉洁珠圆，盛放在翠罂之中，真是稀世之物。用金勺舀水二升，煮沸，皇上亲自打开翠罂，将膏露投入沸水之中，融化后，又过滤了两遍。朱元璋先品尝一爵，再分赐给两位，说道：这是“天地至和”凝结而成的结晶，爱卿们服用后，可以去痼疾而延年益寿。宋濂等人饮用之后，果然甘甜清爽，有飘飘然之感。

这是朱元璋赐予臣下的莫大恩宠，可谓是“旷世奇逢”的“圣德”，一扫此前被罢斥的阴霾。宋濂感激不已，写下了《御赐甘露浆诗序》，以表铭记。

重新点燃政治热情的宋濂，利用自己的士人交往圈，积极向朝廷推荐贤能。在任赞善大夫期间，他就将刚在玉兔泉品茶结识的熊鼎推荐给皇太子。这位熊鼎，在晋王府任参军，给晋王、秦王等藩王授经讲学，尤擅长于《尚书》。宋濂十分欣赏他的学问，不遗余力地向太子举荐，让他进宫教授。

二月，朱元璋暂停了科举考试，又将目光投入到“山林之士”，征荐有识之人又成为选任官员的重要途径。朱元璋选定青年才俊张唯等数位举人，直接任命为翰林院编修，送至文华堂进修，由宋濂、桂彦良等人任教。皇帝在闲暇之余，不忘到文华馆观看他们作文的情况，亲自评定优劣。

十月，恩师黄溍之孙黄昶以浙江贡士身份来到南京，与宋濂相见。宋濂将他推荐给朱元璋和皇太子，并安排他进入史馆，参与《大明日历》的抄写工作。十一月，黄昶还有幸得到了朱元璋的御赐诗，荣光无限。

这时候，不仅是儒生，哪怕是有才干的僧人，也会被授予官职。洪武六年(1373)冬，宋濂向朱元璋推荐了僧人愿证，认为他文辞颇佳。朱元璋看后大喜，授予翰林文字之职，甚至还让愿证还俗，改名李大猷，赐妻妾各二人。洪武八年(1375)，宋濂又以“学有渊源，其文雄瞻新丽，其议论根据六经”的理由，推荐了会稽僧人郭传。皇上也认为他是一个不可多得的“异才”，授予翰林应奉、直起居注等职。

并不是所有读书人都愿意来京师任职。淳安儒士徐尊生因宋濂推荐，征聘来京参与《大明日历》的纂修。按照此前《元史》等文化工程的惯例，所有被征聘的文士都会在事成之后授官，留京任职。但徐尊生拒绝了任命，辞归故里。宋濂对此深表理解，在《送徐大年还淳安》一文中表态：他在史馆所作的贡献，没有辜负国家的期望，也没有辜负自己的才学，“虽不仕，犹仕也”。

4. 再度修史

从洪武五年(1372)至八年(1375)，宋濂还参与了用于警示藩王的《昭鉴录》、第二版《大明律》、明确丧礼的《孝慈录》、端正音韵的《洪武正音》等书的编撰，牵涉到政治、法律、礼制、音韵等诸多方面。这是他编撰各类典籍最密集的一段时间，为大明王朝的各项典章礼仪的创设作出了突出贡献。本朝史书编撰，在当时也有典章建树的功能。

宋濂的修史才能在洪武六年(1373)再度被激活。与前次不同的是，这次皇帝让他修的是当代史。

最先启动的是《大明日历》。翰林学士、吏部尚书詹同建议，将不同文献中记载朱元璋起兵统一群雄，再到当今治理天下的过程系统整理、编撰，流传后世。有着丰富修史经验的宋濂与詹同搭档，担任总裁。参与编撰的七位儒士都有一定的经验和才能。如徐一夔，宋濂在《送徐教授纂修日历还任序》中称，他“凡兴王出治之典，命将行师之绩，采章文物之懿，律历刑法之详，感以事系日，以日系月，以月系年，必商榷而谨书之”。徐尊生“知本末义例，可以观会通，而无首尾衡决之患”。可见他们都是精通纪事本末体的写法和体例。

九月四日在西华门内设立史局，正式开工。由于文献档案涉及本朝机密，所以史局每日都有太监看守，由太官带入伙食。所有修史人员，清早入馆，黄昏出馆，集中夜宿翰林院，避免泄露重要信息。第二年五月，此书修成，共计一百卷，记事止于洪武六年(1373)十二月，详细记录了朱元璋的六大功绩：(1) 一统华夷，功高万古；(2) 救民涂炭，安辑群雄；(3) 用兵出治，独禀全智；(4) 敬畏天地，威刑惠民；(5) 扫除积弊，严格家法；(6) 将兵分离，兵政有统。

在修编的同时，宋濂还认为，《大明日历》将来藏于宫内，一般人不易见到。既然目的是要让普罗大众明白皇帝的伟大功绩，那么在档案汇编基础上，应该仿照唐太宗《贞观政要》选辑出一部分内容，作为宣传材料。凡是开国之君，“一言一动皆可为天下后世法”。这一提议得到了朱元璋的首肯。于是，宋濂等人将朱元璋的重要言行分为四十类，辑成一书，名为《皇明宝训》，共有五卷，成书也当在洪武七年(1374)五月。由于宫廷档案所剩无几，《大明日历》只有正副两本，也已失传，所以《皇明宝训》是现存最早的明朝官修史书，具有独特的价值。

洪武八年(1375)正月，宋濂与僚属共同编纂完成了《洪武圣政记》，共二卷。此书的主旨在于记录明朝建立以来的重要制度，纲举目张，将祖宗之法传给子孙万代。避免像刘邦那样，虽“得国最正”，却因为没有及时整理记录，只能以“规模宏远”概括西汉的典章制度了。

从当代史学角度来看当时的修史活动，似乎有很多不可取的方面，最突出的就是摘编帝王事迹用作宣传、教化和借鉴，却无视了历史的完整性和真实性。置身当时的政治生态中，宫廷修史本身就是整理档案、为皇室提供借鉴，根本就没有让普通民众明了历史全貌的意图。宋濂及其领导下的修史团队，在当时条件许可的情况下，将“隐世”的档案、文献信息，以“宝训”的形式公开出来，至今存世，可谓是居功至伟。殊不知，有多少宫廷档案已经随着历史长河而悄然流逝了呢！

5. 阅江楼

追随朱元璋这样的君主，是一件煞费苦心、高度危险的差事。作为文臣之首，要恪守知识分子的使命和风骨，同时还要保住自己的生命和名望，实在是太难了。宋濂努力地将差事、使命和生命结合起来，努力地创作台阁之文。《阅江楼记》就是一篇著名的散文。

洪武七年(1374)，朱元璋为了纪念在卢龙山以少胜多、大败陈友谅的光辉战绩、峥嵘岁月，下诏将卢龙山改名为狮子山。他还嫌不够，希望在山顶再建造一座宏伟的高楼，又大肆动用服刑的囚犯，修好了地基。

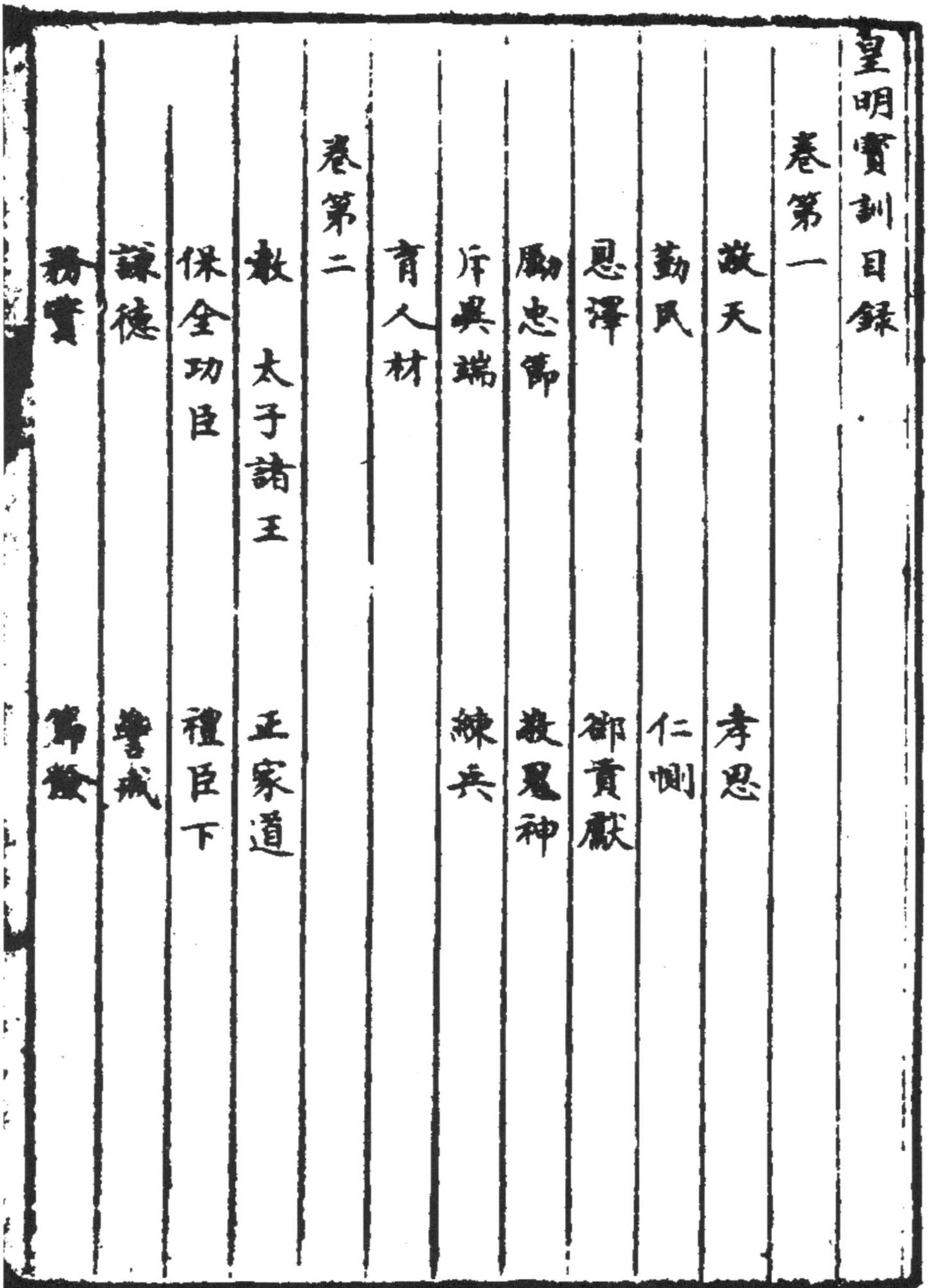

皇明實訓目録

卷第一

敬天　孝思

勤民　仁惻

恩澤　御貢獻

勵忠節　敬鬼神

斥異端　練兵

育人材

卷第二

教太子諸王　正家道

保全功臣　禮臣下

謙德　警戒

務實　節儉

图十八　收录于顾炎武编《皇明修文备史》的《皇明宝训》

图十九　阅江楼

在这个时候，皇帝突然下令停工了。因为他做了一个梦，上天告诫他不能操之过急。当然，这更像是一个借口。因为朱元璋后来承认："自谋将兴，朝无入谏者。"[①]作为一个专制君主，无人进谏，应该感到十分满意才是。但朱元璋却有着莫名的惶恐。毕竟，在过去的十几年里，他一直摆出礼贤下士、虚心纳谏的姿态。这几年来，皇帝的胸襟不断地缩小，纳谏的人越来越少，但他偏偏要听一听这帮文臣儒士的声音！

于是，荒唐的一幕出现了。打着"圣君之作并询于贤而后兴"的幌子，皇帝下令所有文臣都要写一篇《阅江楼记》！大家面面相觑，这座楼连个影子都没有啊！看见大家都不动手，朱元璋亲自撰写了《阅江楼记》。这下大家都得硬着头皮写了。最后到了皇帝的批改时间。可以想象，朱元璋带着一副无比轻蔑的微笑看完了群臣的作业："节奏虽有不同，大意比比皆然，终无超者。"这下皇帝的文章可是天下第一了。

至今存世的《阅江楼记》有两篇，一篇是皇帝的，另外一篇就是宋濂的，还被清朝人选入《古文观止》，成为儒生试子学习作文的样板。看来，清人看不上朱元璋自鸣得意的文章。宋濂能够脱颖而出，本身就说明他

① 《明太祖文集》卷一四《阅江楼记序》。

的《阅江楼记》绝非朱元璋眼里的泛泛之作。

他的文章有生动形象的语言，更高的立意。应制之作，离不开歌功颂德之辞。但是一旦仅仅局限于歌功颂德，将必是陈词滥调，官味太浓，没有任何的新颖，读来也索然无味。宋濂的《阅江楼记》，既有"山川之王气"，"万象森列，千载之秘"的磅礴气势，也有"风日清美""凭栏遥瞩"的豁朗轻松；既顾及历史上的"六朝""南唐"，也谈到"逮我皇帝定鼎于兹"的今日；既有"帝德如天，荡荡难名"的歌功颂德，也有多次"益思"的劝谏。

更为巧妙的事，宋濂将自己的意见，借皇帝之口表达出来。

文章中说道："臣知斯楼之建，皇上所以发舒精神，因物兴感，无不寓其致治之思，奚止阅夫长江而已哉？"反客为主，认为皇帝建楼的目的是十分高尚的和有气魄的，并不是想要测验群臣是否忠直。

文中三段排比句式："见……必曰'此朕……'"其实根本就不是朱元璋亲口说的。宋濂在隐晦地教导皇帝：即使太平盛世已经降临，也要时刻想着保障疆土、怀柔四方、勤政爱民。

在文章的结尾，宋濂不失时机地总结道：奉旨撰记，与其空对江山临摹高楼大厦，更应该彰显皇帝的心意，英明雄武，励精图治，至于流连光景之辞藻，都略去不谈吧。他委婉地将对朱元璋的勤政希冀与沉溺光景之诫，寓于赞颂之中，可谓绵里藏针，煞费苦心。

整篇文章洋洋洒洒，一气呵成，将国家的命运、帝王的修养，以及自己的文采成功地融合。宋濂将机智和理性隐藏在文字背后，而绝不是唯命是从，只会盲目歌功颂德的懦弱臣子。经历过贬官的宋濂，以文劝谏的手法愈加精妙。谁曾设身处地感受作者提笔那一刻的豪迈与顾虑？

朱元璋此前评价文臣作品，多以居安思危、民生疾苦为上等之选。洪武二年（1369）十一月，皇帝与宋濂、詹同、危素等人共享酒宴后，命在座群臣作诗一首。危素最后一个完成，以"民瘼"为主旨，得到了朱元璋的格外嘉奖。[1]还有一回，朱元璋以鹰为题，命臣下吟咏。宋濂的诗中有

① 黄佐：《翰林记》卷六《燕饮庚和》。

“自古戒禽荒”之句，被表彰为“善谏”。而这一次，朱元璋在自作的《阅江楼记》有“宫室之广、台榭之兴，不急之务；土水之工，圣君之所不为”之句，意在暗示诸臣规谏。相信明眼人都能看出这样的意图，宋濂的作文更是巧妙地切合该暗示。朱元璋的不屑一顾，表明他对待儒士的心态发生了转变。

六、致仕朝京

1. 风云诡谲

朱元璋已经厌烦了这群年纪比自己大,整天满口仁义道德的老儒士了。

无论宋濂如何努力地写好《阅江楼记》,想好如何和皇帝说话、进谏,朱元璋都已经不再是那位俯身求贤、虚心听讲的君主了。对于宋濂来说,一切都变得飘忽不定了……

朱元璋脾气似乎越来越暴躁,耐性越来越低。

刑部主事、老臣茹太素,针对朝廷弊政,给皇帝递了一份万言书。然而,当朱元璋听到书中"有才能的儒士这些年来幸存率低于百分之二十,现任官僚队伍大都是些迂儒俗吏"的话时,火冒三丈,当着文武百官的面,对其斥责杖打,不容辩解。这话很尖锐,其实也得罪了满朝文武。见到朱元璋的怒火,一些朝臣便落井下石,纷纷说茹太素确实"大不敬"。宋濂却不温不火,沉默不语。等到朱元璋问宋濂的意见,他才不紧不慢地说:"依我看,万言书是尽忠陛下的表现,以此才能广开言路,万万不可定罪于他。"朱元璋这才下令停止杖责。茹太素做事光明磊落、公正客观,性格耿直,敢于直谏。朱元璋晚上继续听完万言书之后,才意识到茹太素确实是为大明社稷着想。但他又为自己辩解:我只想听直言,不喜欢文人啰啰嗦嗦,绕了一圈才到主题上来。[①]朱元璋对儒士文字的耐心由此可见一斑。

更让宋濂难受的是,好友的死讯一条接着一条传到耳边。

洪武八年(1375)四月,刘基在家乡被毒死,据说凶手就是当朝宰相

① 《明史》卷一二八《宋濂传》、卷一三七《茹太素传》。

胡惟庸。

当年一起纂修《元史》的同伴也相继死去。傅恕因连坐牵累而死、张宣在贬职途中病死、张孟兼因顶撞皇帝被弃市……

朱元璋向文臣儒士举起了屠刀，就不会轻易放下。这一切都还是刚刚开始……

恐怖的气氛弥漫在整个文人圈。宋濂曾向朱元璋推荐一位诗人邓伯言。在廷试时，朱元璋见他的诗句“鳌足立四极，钟山蟠一龙”，十分精彩，一边拍着桌子，一边吟诵。邓伯言却以为皇帝要杀他，竟然昏死过去……

宋濂越来越感觉到自己力不从心。不仅是因为自己的衰老，更有无数的文案需要处理。有一次，他实在无力承受，疾呼道：“我太累了！好几次想把毛笔和砚台都烧掉！”

皇帝却只把他当成了一台文字机器。有一次，朱元璋对儒士桂彦良说：“江南大儒，只有爱卿一人。”桂氏谦虚地回答：“臣不如宋濂、刘基。”朱元璋冷冰冰地说道：“宋濂不过一介文人，刘基狭隘，都不如你。”[①]

洪武九年（1376）六月，宋濂被授予翰林学士承旨，其他兼职均予保留。由此，宋濂获得翰林院的最高官阶——正三品，真正成为文臣之首。但是，朱元璋给他的诰文，却像泼了一盆冷水：

> 昔君天下者，官有德而赏有功，世之文武莫不云从。尔濂虽博通今古，惜乎临事无为，每事牵制弗决，若使尔检阅则有余，用之于施行则甚有不足。然方今儒者，以文如卿者少，朕念卿相从久矣，特授翰林学士承旨。尔宜懋哉！

先前的诰文，颇有礼聘的意味。但这一次却高高在上，毫不客套。朱元璋对宋濂的评价，就是一个迂腐的文人。虽有渊博的知识，引经据典算是有余，但处理实务来却优柔寡断，无所作为。只是考虑到宋濂的资历最老，追求朱元璋长达十余年，再加上当下儒士的文学水准能与他相提

① 《明史》卷一三七《桂彦良传》。

并论的还不算多,所以才让宋濂担任翰林学士承旨的,请他好自为之。

这篇诰文,对宋濂来说是一个沉重的精神打击。虽身居高位,但从政谏议的热情已经大不如前了。要在险恶的宦海中存活,一言一行,一字一句,甚至表情,都得小心翼翼。一晚,宋濂与友人一起吃饭喝酒,第二天朱元璋就问宋濂:“昨晚你们几个人一起吃饭?都有谁?几点结束的?”宋濂据实回答。朱元璋点头:“你确实没有骗我。”倘若宋濂的回答稍有差池,后果不堪设想。宋濂从来不说人的坏话,房间里挂着写有“温树”的字画,谢绝与来客讨论要务时政。[①]这大概就是复杂政治局势中的自保方式吧。

2. 恩宠至极

洪武八年(1375)至十年(1377),宋濂在南京任职的最后三年。朱元璋十分露骨地表达对宋濂的不满,也十分优厚地施予恩宠。只是,有的恩宠似乎过分了……

洪武八年(1375)八月,朱元璋赐宴东皇阁,款待翰林院群臣桂彦良、林温、华克勤、方微、宋善、王连、张唯等人。这一场景,仿佛是洪武二年(1369)冬天游宴的再现。皇帝频频向不会饮酒的宋濂劝酒:“卿姑试之”“卿更宜釂一觞”“一觞岂解醉酒人乎”“男子何不慷慨为之”。宋濂哆哆嗦嗦地将三杯酒喝下,马上就面红耳赤,醉不成步,“精神遐漂,若行浮云中”。朱元璋哈哈大笑,挥毫泼墨,亲赋楚辞一章,让他好好珍藏,传给子孙后代。朱元璋还专门对宋濂交代赠诗的意义:不仅代表了皇帝对你的恩宠,也能显示大明王朝君臣关系和谐,共享太平盛世的风度。

在场群臣在皇帝授意下,纷纷写出了《醉学士歌》。有人描摹宋濂醉酒后的丑态。华克勤写道:“醉来不知乌纱侧,犹解披腹呈琅玕。……虽然白发披两肩,蝇头细字还能读。”翰林学士的矜持和气度在酒精的刺激

① 《明史》卷一二八《宋濂传》。

下荡然无存。宋善赋诗称："老眼朦胧醉不开，犹能拜舞趋瑶堦。"描摹了老臣踉踉跄跄拜谢的场景。林温极为形象地记录了宋濂的醉话："臣濂再拜喜欲颠，臣有丹心赤如面。臣心忠赤臣独知，臣面赪红人共见。"宋濂叩谢时，嘴里反复念叨着忠心赤胆，生怕君主不知。前些时候还被皇上誉为江南第一儒的桂彦良就说："龙颜一笑催赋诗，殿前醉墨犹淋漓。乃知貌醉心不醉，醉中自有神扶持。"

《红楼梦》里宝玉说了一句《西厢记》里的话："若共你多情小姐同鸳帐，怎舍得叠被铺床。"惹得黛玉委屈发怒，泣不成声。原因就是宝玉用野书打趣自己。黛玉不允许别人拿她像戏子一样取乐。朱元璋强迫宋濂喝酒，丑态百出，多少带有轻视取笑的意味。

此时此刻，宋濂内心的复杂，很难揣摩。昔日的游宴赋诗，尚有关心民生的主题，无人醉酒失态。这次皇帝偏要抓住宋濂不放，亲眼看着"温树"失态的样子，并让群臣写诗描摹。宋濂必须照着皇帝的旨意表演，还要时时表达自己的感恩和忠诚。清醒之后，宋濂在御赐诗后还得恭恭敬敬地写道："君臣之间实同鱼水，非直以为观美……"

宋濂被授予翰林学士承旨的同时，朱元璋又授宋濂的二儿子宋璲为中书舍人，长孙宋慎为殿廷仪礼司序班。表面上看，祖孙三代同时在朝为官，可谓是荣光之至。皇上要把宋濂一族当作家臣，平日里对待宋璲、宋慎，就是以长辈的口吻教育劝诫，并与宋濂开玩笑道："我在帮你教育子孙。"

背后的深意却是耐人寻味的。宋濂早就看到官场的险恶，并不愿意子孙继续任官。朱元璋却一次又一次劝说、授官，想把宋氏家族都控制在自己手中，防范于未然。表面上的三代为官，实际上只是人质。

对于年迈的文臣，朱元璋在生活上的体恤还是有的。宋濂将近七十，步履艰难，几公里的早朝之路愈来愈成了遥不可及的距离。他原本有一只老驴，可以代步。皇帝见到步履蹒跚的宋濂，动了恻隐之心。洪武九年(1376)朱元璋赐给宋濂一匹白马，并赋诗："赐卿白马白雪白，马疾穿云云不隔。朝出清溪东，摇鞭来紫陌。五漏禁城边，精神常赫赫。撇鬣嘶秋风，康衢止过客。四蹄发流星，乘此无危厄。将军建大功，斯马真有益。"皇帝赐马当然是莫大恩情，只是从诗句可以看出，这匹白马是快马，似乎更适合统兵将领，但是老态龙钟的宋濂根本驾驭不住。

没过几天，太子朱标给宋濂换了一匹黄马，朱元璋诗兴大作，又赐诗一首："闻卿黄马黄骊黄，锦鞯铁衔声琅琅。行途不速也不疾，绛毛火滚飞扬扬。暑系柳荫浓，寒常露立霜。秋风四蹄轻，咆哮雄腾骧。将军横戈矛，折冲孰敢当。罢兵敢轻车，学士乘尤良。"不仅自己赋诗，朱元璋又请了一群文人一起对此事进行赋诗。虞泰称："阿儿前携孙后扶，晚景骑向东门道。西风振鬣尘不惊，家童却讶朝早回。"皇帝的宠爱，众臣的推崇，此时的宋濂何等的荣耀！

3. 提前致仕

致仕，用现代语言表达就是官员的正常退休。这个制度在我国已经推行已久，唐宋以后越来越完善，逐渐形成了一个惯例——熬到七十岁才可以致仕。

六十七岁的宋濂，已经老态龙钟，步履蹒跚，疲于应付繁重的公文应制任务。皇帝的慷慨恩宠，总是流露着一股难以捉摸的意味。文臣之首，是莫大的荣耀，也是天大的风险。急流勇退，离开是非之地，应该是逃避政治漩涡的最好选择。

对于宋濂的致仕申请，朱元璋多少还是有些意外和不舍的。三代同朝的荣誉世人皆知，他却一心挂念着退朝还乡；七十致仕尚有些许时间，他却毫不顾惜地放弃许多人追求一辈子的高位。当朱元璋再一次回首看着匍匐在地、白发苍苍的宋濂，心里却涌上一道怜悯。追随自己打江山的老臣越来越少了，就让他归去吧……

洪武九年（1376）十一月，皇帝正式下诏，同意宋濂致仕。他亲笔撰写诰文，追封宋濂二代祖先：其父为嘉议大夫、礼部尚书，其母为淑人，祖父为亚中大夫、太常少卿，祖母为淑人。得知宋濂的归期后，朱元璋依依不舍地说："卿去何时复来见朕？幸相侍数日，姑徐徐行。"于是，宋濂在南京又逗留了一个多月。

洪武十年(1377)正月初六日,宋濂正式辞别。朱元璋赐予御制《文集》一部,赐予白银、缗币、文绮若干,皇太子也赐三袭新衣。朱元璋问道:“我平时对于赏赐最为慎重,爱卿忠诚之心,贯穿金石,所以赐予你这些物品。先生今年几岁?”宋濂答曰:“六十有八。”朱元璋说:“好好收藏此文绮,三十二年可以作为百岁衣裳。”宋濂连忙叩头答谢。朱元璋关切地叮嘱道:“大江涨水,不便行舟。爱卿可以循着内河返回,这样比较安全。”接着,皇帝赋诗一首赠送宋濂,不舍之情油然而生,“白下开尊话别离,知君此后迹应稀”。宋濂感动不已,唱和一首,向皇帝承诺道:“臣身愿作衡阳雁,一度秋风一度归。”自此,君臣达成了每年朝京的约定。

一帆轻舟,一代文章首臣拜别南京。

回乡之后,宋濂撰写谢恩表、谢恩笺,由长孙宋慎转交皇帝和皇太子。他由衷地感激皇恩:“生世而逢真主,仕宦而归故乡,此人臣至荣而至愿者也。”他热切地期盼皇上能够“宵衣旰食,孜孜图治,欲使天下苍生无一夫不被其泽”,皇太子能够德仁敬诚,做一个众人仰望的储君。

有明一代,江南的退休老干部问题是十分突出的。他们身居高位,有着广泛的仕宦关系网络。告老还乡之后,摇身一变就是乡绅首领,可以干预州县官员的行政、断案。他们拥有“优免”特权,不用缴纳赋税、承担徭役,许多小民为了规避赋役,主动投身依附,寻求荫庇。如果不加约束的话,致仕官宦很快就能占有数量众多的土地和仆从,在地方形成强大的势力。

宋濂曾作为随从,亲眼见过皇帝训导富民的全过程,深知致仕官员的自保方式。同门友人吴履致仕时,他就劝诫保身之道的两个诀窍:不要随意出门,断绝与官吏的交往。宋濂自己也是这么做的。他在家乡紧闭门户,除了亲朋故友,其他人一律不见,尤其拒绝与前来巴结、请托的地方官员及企图投靠的民众接触。宋濂在青萝山筑造一室,名叫“静轩”,整天待在里面著书立说,闭口不谈时事,“人不见其面”。他还告诫子孙不要随便去城市,以免引起误会。

朱元璋收到宋濂的谢恩表后,十分高兴,认为“言无虚谬,已往分明,见陈可纪”。他又询问宋濂在家的状况,宋慎回答:祖父悠游在家,安度晚年。每天教育儿孙、经营家计、耕耘田园，足不出户，在小书房中修身养性。同时，还探访国事，念念不忘为陛下建言。初出茅庐的宋慎口无遮拦，将宋濂极为内敛的居家活动添油加醋，以为能得到皇帝的赞赏。朱元璋听着，“倏然感动”，表面上连连称赞宋濂是良臣，内心的想法却十分微妙。

刘基告老还乡之时，朱元璋给刘基的送别诗里有这么两句：“先生此去归何处？朝入青山暮泛湖。”在宋濂告老还乡之时，朱元璋则赠诗曰：“闻卿归去乐天然，静轩应当仿老禅。”刘基的“入青山”“暮泛湖”与宋濂的“仿老禅”，一动一静，也能看出朱元璋对两人的熟知和了解。皇帝的“静轩应当仿老禅”“休官终老尔惟全”之句，委婉地警告宋濂应有出世归隐之心。宋濂何尝不想呢？只是不谙官场世故的子孙给他招来无端的横祸……

4. 朝京

圣主端居念老臣，清宵梦寐见精神。

——史靖可《寄宋承旨诗并序》

致仕返乡的九个多月里，据说朱元璋因为想念宋濂，多次在朝廷上询问他的朝京时间。九月十四日，宋濂按照约定，返京朝见。朱元璋准备了隆重的欢迎仪式，亲自率领皇太子、诸藩王在端门等候。当这位老臣再次出现在皇上面前时，全场欢声雷动。

皇上又是赐佳肴美膳，又是亲自调理甘露赐饮，关怀备至。宋濂天天侍从皇帝，游历宫阙，论道禁苑，天黑才回到自己的寓所。十月的一天，宫城上新建一座观心亭。朱元璋告诉宋濂：“人心易放，操存为难。”无论平日政务有多忙碌，到了斋日，端坐其中，“吾身在是，而吾心即在是”，忘却烦恼焦虑，聚气凝神。他让宋濂记下今日所言，流传给子孙后裔，让他们明白勤于修身养性，切勿懈怠。皇帝赋予宋濂殊荣，“恩礼之优，群臣莫敢望”。

京城的百姓、群臣，都以见到文臣之首为荣。他们看到宋濂，都把手放在额头上，争先恐后地观望，生怕错过了一睹真容的机会。朱元璋对民众的反应有所耳闻，对宋濂说："纯臣哉，尔濂！纯臣哉，尔濂！方今四夷皆知卿名，卿其自爱！"

原来，此时宋濂的文名，以南京为中心，不仅名扬全国，还被四方朝贡使节传播到海外。洪武九年（1376），发生了日本僧人私自找宋濂题写碑铭之事。宋濂以"人臣无外交"，没有皇帝的旨意，不能私自应允的理由拒绝。当时，沿海倭寇动乱时常发生，私通外番是极为忌讳之事。宋濂将此事报告朱元璋，获准之后，才给日僧撰文。

朱元璋重提旧事，显然对宋濂致仕后还保持如此巨大的影响力怀有戒心，让他保持臣下的自爱之心。

十一月二十五日，宋濂告辞还乡。朱元璋不仅亲身送别，还亲自划定返程路线。数日后，询问宋璲令尊是否路上安好。又过几日，说自己梦见宋濂，仿佛仍在眼前。这些爱护老臣的言行，被侍从儒士所见所闻，写下了《寄宋承旨诗并序》，传为一时佳话。

洪武十一年（1378）十一月，宋濂第二次朝京，至迟到第二年正月才离开。朱元璋于十二月二十九日赐诗："学士越中来，我恐驰程苦。拜毕诣阶前，精神盛旧观。气宇比秋鸿，文章真太古。试问民如何？天下通商贾。不但越中乐，将军明队伍。塘河便小舟，旅店从欲沽。近来荷君德，中原无胡虏。贤人诵言多，黼黻皇猷补。寰宇足清宁，人人皆乐土。"朱元璋借着宋濂朝京，询问天下民众的生活状况，衬托出太平盛世的景象。然而，对于宋濂，没有隆重的仪式，也没有随身侍从的记录，只剩下了"赐赉慰劳弥厚"。

洪武十二年（1379）十二月，宋濂第三次来到南京。朱元璋敕谕慰劳："虽居致仕，而恋阙之心甚切，不惮祁寒，每岁必于斯时来朝，特赐酒肴及日用之物，卿其领之。"[①]这一次的朝京之旅，只剩下轻描淡写。因为，一场巨大的动荡即将上演……

疑心极重的朱元璋对开国功臣越来越不放心。胡惟庸、李善长为代

① 《明太祖实录》卷一二七"洪武十二年十二月戊寅"。

表的淮西军功集团势力在朝中盘根错节。那些追随朱皇帝一起从淮河边起家、南征北战的手下，越来越难以安睡，颇有“满朝都是胡党”的感觉。

积疑成狱。

洪武十三年（1380）正月，朱元璋在所有人都猝不及防的情况下，下旨处死当朝丞相胡惟庸。从此以后，整个洪武一朝陷入了无休止的屠杀和人人自危的政治恐怖之中……

宋濂无论如何都不会想到，他的最后一次朝京，竟然是被绑着、被凶神恶煞的差役押解来到南京的。

十一月，他的长孙、殿廷仪礼司序班宋慎被诬陷为胡惟庸的党徒。宋慎被奸人算计、卷入这场灾难其实一点都不意外。他在政治上的不成熟，在护送祖父回乡后的报告就能看出来。朱元璋得知后，勃然大怒，当即将宋慎处死。十二月，又将其二子宋璲处死。宋濂被捉拿到京，本应一并诛杀，被太子和马皇后劝下，改为全家发配四川北部的茂州。期间，宋濂的老妻由于过度悲伤而死。一时间，家破人亡。

洪武十四年（1381）五月，宋濂在夔州（今重庆奉节）自尽，享年七十二岁。

图二十　金华宋濂祠堂

图二十一　宋濂宗族聚居地

尾　声

如果没有朱元璋的征召，宋濂就不会来到南京，也就不会经历如此跌宕起伏的悲欢离合了。

但这个假定是宋濂自己抹掉的。

宋濂是一个有抱负的文人，不甘心终老山林之间。他一直在守候一位顺应天命的明君。他的抉择也是正确的——朱元璋就是那个时代的真命天子。

作出这样的选择，便意味着将自己的全部命运绑定在元明易代的历史脉动上，切身感受时间长河在这一刻的剧烈跳动。

作出这样的选择，也意味着投身南京台阁之中，从文人到文臣，让政治与文艺、史才交融，实现空间和身份的彻底转变。

南京给了宋濂什么？华丽雄伟的台阁文气，实现制礼作乐的理想，文章首臣的荣耀，文名远播海内外……这些都成就了宋濂在中国文学史、中国史学史、中国思想史上的不朽地位。

宋濂给南京留下了什么？宫阙内的论道余音，史馆里的典籍故纸，钟山上的一抹青翠，阅江楼的千古情思，玉兔泉的缕缕清香……点点滴滴，都是南京古都的文化记忆。

附　录　宋濂在南京撰写的重要文章

游钟山记（1361）

钟山，一名金陵山。汉末秣陵尉蒋子文逐贼死山下，吴大帝封曰蒋侯，大帝祖讳钟，又更名蒋山。实作杨都之镇，诸葛亮所谓“钟山龙蟠”，即其地也。

岁辛丑二月癸卯，予始与刘伯温、夏允中二君游。日在辰，出东门，过半山报宁寺。寺，舒王故宅，谢公墩隐起其后，西对部娄小丘。部娄，盖舒王病湿，凿渠通城河处。南则陆修静茱萸园、齐文惠太子博望苑。白烟凉草，离离蕤蕤，使人踌躇不忍去。沿道多苍松，或如翠盖斜偃，或蟠身矫首如王虺搏人，或捷如山猿伸臂掬涧泉饮。相传其地少林木，晋、宋诏刺史郡守罢官者栽之，遗种至今。

抵圜悟关。关，宋勤法师筑太平兴国寺在焉。梁以前，山有佛庐七十，今皆废，唯寺为盛，近毁于兵，外三门仅存。自门左北折入广慈丈室，谒钦上人。上人出，三人自为宾主。适松华正开，黄粉毵毵触人，捉笔联松华诗。诗未就，予独出行函道间，会章君三益至，遂执手止翠微亭，登玩珠峰。峰，独龙阜也，梁开善道场宝志大士葬其下。永定公主造浮图五成覆之，后人作殿四阿，铸铜貌大士，实浮图，浮图或现五色宝光。旧藏大士履，神龙初，郑克俊取入长安。

殿东木末轩，舒王所名。俯瞰山足如井底。出，度第一山亭，亭颜米芾书。亭左有名僧娄慧约塔。塔上石，其制若圆楹，中斫为方，下刻二鬼擎之。方上书曰“梁古草法师之墓”。有蝸匾法，定为梁人书。

复折而西，入碑亭。碑凡数辈，中有张僧繇画大士相，李白赞，颜真卿书，世号三绝。又东折，度小涧，涧前下定林院基，舒王尝读书于此。

院废，更创雪竹亭，与李公麟写舒王像洗砚池，亦皆废。

又北折，至八功德水。天监中，胡僧昙隐来栖，山龙为致此泉；今甓作方池。池上有圆通阁，阁后即屏风岭，碧石青林，幽邃如画。前乃明庆寺故址，陈姚察受菩萨戒之所。

又东行，至道卿岩。道卿，叶清臣字也，尝来游，故名。有僧宴坐岩下，问之，张目视弗应。时雉方桴粥，闻人声，戛戛起岩草中。从此至静坛，多臧矜先生遗迹。复西折过桃花坞，询道光泉，舒王所植松已逝，唯泉绀净沈沈如故。

日将夕，章君上马去。予还广慈，二君熟寐方觉。呼灯起坐，共谈古豪杰事，厕以险语，听者为改视。

明日甲辰，予同二君游崇禧院。院，文皇潜邸时建。从西庑下入永春园，园虽小，众卉略具。揉柏为麋鹿形，柏毛方怒长，翠濯濯可玩。二君行倦，解衣覆鹿上，挂冠鼠梓间，据石坐。主僧全师具壶觞，予不能酒，谢二君出游。夏君愕曰："山有虎，近有僧采莽，虎逐入舍，僧门焉，虎爪其颧，颧有瘢可验。子勿畏，往矣。"予意夏君给我，挟两驺奴登惟秀亭。亭宜望远，"惟秀""永春"，皆文皇题榜，涂以金。

又折而东，路益险。予更芒屩，倚驺奴肩，踸踔行，息促甚，张吻作锯木声。倦极思休，不问险湿，牒牒据顿地。视燥平处不数尺，两足不随。久之，又起行。有二台. 阔数十丈，上可坐百人，即宋北郊坛，祀四十四神处。问蒋陵及步夫人冢，无知者，或云在孙陵冈。至此屡欲返，度其出已远，又力行。登慢坡，草丛布如毡，不生杂树，可憩，思欲借裀褥卧不去。坡，古定林院基。望山椒，无五十弓，不翅千里远。竭力跃数十步辄止，气定又复跃。如是者六七，径至焉。大江如玉带横围，三山矶、白鹭洲皆可辨；天阙、芙蓉诸峰，出没云际。鸡龙山下接落星涧，涧水滮滮流。玄武湖已堙久，三神山皆随风雨幻去。西望久之，击石为浩歌。歌已，继以感慨。

又久之，傍崖寻一人泉。泉出小窍中，可饮一人，继以千百弗竭。循泉西过黑龙潭，潭大如盎，有龙当可著。侧有龙泉庙，颇陋。由潭上行，从竹翳路，左右手开竹，身中行，随过随合。忽腥风逆鼻，群鸟哇哇乱啼，忆夏君有虎语，心动，急趋过，似有逐后者。又棘针钩衣，足数蹶，咽唇焦甚。幸至七佛庵。庵，萧统讲经之地，有泉白乳色，即踞泉鞠咽。衫裾落水中，不暇救，三咽，神明渐复。庵后有太子岩，一号昭明书台。方将入岩游，庵中僧出肃，面有新瘢，询之，即向采荈者，心益动，遂舍岩，问别径以归。所谓白莲池、定心石、宋熙泉、应潮井、弹琴石、落人池、朱湖洞天，皆不复搜览。

还抵永春园，见肴核满地，一髫童立花下。问二客何在，童云："迟公不来，出壶中酒，饮且赋诗大噱，酒尽，径去矣。"予遂回广慈，二君出迎。夏君曰："子颜色有异，得无有虎恐乎？"予笑而不答。刘君曰："是矣！子幸不葬虎腹，当呼斗酒涤去子惊可也。"遂同饮。饮半酣，刘君澄坐至二更，或撼之，作僻笑钓之，出异响畏胁之，皆不动。予与夏君方困，睫交不可擘，乃就寝。

又明日乙巳，上人出犹未归。欲游草堂寺，雨丝丝下，意不往，乃还。

按地理志，江南名山唯衡、庐、茅、蒋。蒋山固无耸拔万丈之势，其与三山并称者，盖为望秩之所宗也。晋谢尚，宋雷次宗、刘勔，齐周颙、朱应、吴包、孔嗣之，梁阮孝绪、刘孝标，唐韦渠牟并隐于此。今求其遗迹，鸟没云散，多不知其处。唯见荛儿牧竖，跳啸于凄风残照间，徒足增人悲思。况乎人事往来，一日万变，达人大观，又何足深较。予幸与三君得放怀山水窟，一刻之乐，千金不以易也。山灵或有知，当使予游尽江南诸名山，虽老死烟霞中，有所不恨。他尚何望哉！他尚何望哉！

章君约重游未遂，因历记其事，一寄二君，一遗上人云。

天降甘露颂（*1369*）

洪武二年冬十月十有三日甲戌，膏露降于乾清宫后苑苍松之上，皇帝特敕中官折示禁林诸臣。光润如酒，凝结如珠，肪白饴甘，弥布松柯；馨烈之气，皀达左右，勃郁淋漓，薰涵太和；天休震动，中外叹嗟。又明日丙子，上御外朝，左丞相宣国公臣善长帅群臣称贺。上若曰："甘露之降，载在往牒，然休咎之征，当以类应。朕恶足以致斯？卿等尚明为朕言之。”参知政事臣稼对曰：“圣人之德，上及太清，下及太宁，中及万灵，则膏露呈瑞。陛下恭敬天地，辑和民人，故天不爱道而嘉祥徽显也。”起居注臣观对曰：“帝王恩及于物、顺于人而甘露降。陛下诞宽民赋，众庶欢豫，底于敉宁。神应之臻，职此故也。”翰林侍讲学士臣素对曰：“王者敬养耆老，则甘露降而松柏受之；尊贤容众，则竹苇受之。今露降于松，则陛下养老之所致也。宜以制币策告宗庙，颁于史馆，以永亿万年无疆之闻。”上情存损挹，皆推而不居。言既已，丞相帅其班以退。翰林学士臣濂窃伏自念：氐北有星名为天乳，若明而润，则膏露下焉。王者德格于上，恩覃于下，灵氛充牣，秘贶斯甄，此天人感应之恒理也。钦惟皇上兴自临濠，匹马渡江，十五年间遂成帝业，天瑞育滋，不一而足。彩霞成凤，卿云聚绣，赤乌飞翔，白兔俯伏，瑞莲并萼，嘉禾孕文，实皆天之所命，非人力所致而自致者。今又睹兹圣征，则其德洞沦冥，功成不宰，三瑞沓至，千休滋彰，有不期然而然者矣。虽然，传有之，受命不于天，于其人；休符不于祥，于其仁。所以孔子之作《春秋》，祥瑞不书而有年则书，岂不以天道玄远难知，而人事之为可征者乎？皇上以天纵之圣，留神至治，以得仁贤为瑞，以五风十雨为祥，视彼前代植金茎以承液，夸嘉瑞以纪年者，未尝不指以为戒，则其英明之识、超绝之智，卓冠百王，为法万世。是宜美盛德之形容，播诸乐歌，被之管弦，以示圣子神孙于无穷云。其辞曰：

上天降康，甘露之瀼。于粲其英，纯乾发自阳。以布于下方，凝于休祥。其祥伊何？灵气孔多。有甘者液，载仁惟泽。潜灵是锡，诞启皇之德。天地相合，鸿休翕集。厌厌浥浥，纷纷密密，匪随日以食。兆厥圣征，如卿之云，如景之星，如日之重轮。冲和氤氲，以文我太平。惟皇之圣，贞符自应，不卑而泳，不高而迎，茀禄之攸盛。惟皇之明，贞符尔承，不攲而倾，不汰而盈，茀禄之攸宁。休庆之即，四国之式。有濯厥声，耀于千龄。

泥国入贡记(*1371*)

濂承旨禁林日，福建行省都事沈秩来谒曰：“洪武三年秋八月，秩与监察御史张敬之等，奉诏往谕浡泥国。冬十月由泉南入海，四年春三月乙酉朔达阇婆，又逾月，始至其国。国王马合谟沙，僻处海中，倨傲无人臣礼。秩令译人通言曰：皇帝抚有四海，日月所照，霜露所坠，无不奉表称臣。浡泥以弹丸之地，乃欲抗天威邪？王大悟。举手加额曰：皇帝为天下主，即吾之君父，安敢云抗？秩即折之曰：王既知君父之尊，为臣子者奈何不敬？亟撤王座而更设香几，置诏书其上，命王帅官属列拜于庭。秩奉诏立宣之，王俯伏以听，成礼而退。明日王辞曰：近者苏禄起兵来侵，子女玉帛尽为所掠，必俟三年后国事稍纾，造舟入贡尔。秩曰：皇帝登大宝已有年矣。四夷之国，东则日本、高丽，南则交趾、占城、阇婆，西则吐蕃，北则蒙古诸部落，使者接踵于道，王即行已晚，何谓三年？王曰：地瘠民贫，愧无奇珍以献，故将迟迟尔，非有他也。秩曰：皇帝富有四海，岂有所求于王！但欲王之称藩，一示无外尔。王曰：容与相臣图之。又明日，其相王宗恕来曰：使者之言良是，请以五月五日成行。阇婆有人间王曰：苏禄来攻王，我实帅师却之。今闻归诚中国，无我阇婆矣，王惑之。秩复走见王，王辞以疾。秩大言谓宗恕曰：尔谓阇婆非中国臣邪？阇婆尚称臣，于尔国乎何有？使者朝还，天兵且夕至。虽欲噬脐，悔可及乎？宗恕悚然曰：敬闻命矣！乃入白王。王大会其属，共议遣亦思麻逸等四人入朝。临发，王以金佩刀、吉贝布为赠，秩毅然辞之。王顾近侍曰：中国使者廉洁乃如是邪？阇婆来人诛索每无厌，况强之而不受邪？尔曹宜效之。秩以涉海万里，不可以无纪，乃与敬之各赋一诗。王大悦，请书于板中悬之。既与王别。舟行至海口，王又惑左右言谓令人，亦思麻逸曰：使者不受刀布，尔等必不还矣！秩恐王不喻，复走王所，反复譬晓之。王曰：使者之言如此，予中心释然矣！王举酒为别，酹地祝曰：愿使者蚤还中国，愿亦思麻逸早归敝邦。秋八月十五日还京师，十六日以亦思麻逸等入见，锡宴于会同馆。已而遣归，宠赉其王甚厚云。其所贡物，鹤顶生、玳瑁、大片龙脑、米龙脑、黄蜡、降真诸香。其表用金刻番书，仿佛如回鹘书，其文鄙陋不足观。皇太子笺用银笺，文与表相类。其地炎热多风雨。无城郭，树木栅为固。王之所居若楼，覆以贝多叶。王绾髻裸跣，腰缠花布，无舆马，出入徒行。城中人不满三千家，多业渔，剪发齐额，妇人衣短衫，仅蔽胸背，腰系花布，散发跣足。其物产则吉贝、黄蜡、降真、龟筒、玳瑁、槟榔，煮海为盐，沥椰浆为酒，无稻麦，捕生鱼虾蟹食之，兼食沙糊。沙糊者，取树实为浆，澄漉细腻如粉，食之能不饥。食无器皿，以竹编贝多叶为之，食毕则弃之。番书无笔札，以刀刻贝多叶行之。事佛甚严，以五月十三日为节，国人亦于是日作佛事。若有燕飨，则封羊豕鸡鹅，鸣鼓击钹以为乐，此其大凡也。先生职在太史，愿为详纪之，以昭圣化所被之盛。”

濂闻浡泥在西南大海中，所统一十四州，去阇婆四十五日程，去占城与摩逸各三十日程，去三佛齐四十日程，历代未尝朝贡，故史籍不载。至宋太平兴国二年，其王向打始因商人蒲卢歇，遣施弩使副蒲亚利、判官哥心等赍表来贡。元丰五年二月，其王锡理麻喏复遣使如前。自后辄不闻。元有国百余年，亦不复至。方今圣人在上，威德之所被，无远不届，玺书一颁，辄稽首臣顺，稽之往古，允谓过之。至若秩等奉宣德音，辞令所加，足以詟服其心，亦可谓不辱君命者矣。其事宜书，以俟他时修正史者采焉。秩，字仲庸，湖之乌程人。敬之，字某，某州人。二人协心谋虑，无役不偕行，故卒能成功云。

玉兔泉联句引（1372）

洪武五年秋九月十又五日，日入酉，予与仲子璲过张录事孟兼于成均，秉烛对坐。孟兼方命侍史汲玉兔泉瀹茗，俄熊参军鼎、刘职方崧、周虞部子谅皆集，相与谈诗。至惬心处，辄抵掌笑哗。吕太常仲善闻之，亦欢然来会。既啜茗已，孟兼出新造《玉兔泉铭》讽之，且曰：“今夕何夕，胜友如云，不可无以为娱，请举泉聊诗何如？”众皆曰：“然。”予年有一日之长，俾题其首句，余则以次而续。阙险据胜，哄哄弗能休。至二鼓，诗成，各拥衾就榻。逮鸡再号，风雨凄迷，仆夫载涂，官事有程，皆不告而散，予亦骑驴去朝天矣。明日，孟兼将属璲作小楷，系诗于铭左，征予为之引。

於戏！人事聚散，如风中飞花，其回旋飘泊，曷尝有一定之迹？今幸得与二三君子岸帻咏诗，輾然而一笑，岂非天哉？然此七人之中，楚产者大半，独予父子与孟兼居越西，相距仅半舍。他时或后先投簪而归，支九节筇访孟兼白石山房，溯咏诸贤立霄汉上，欲一见不可得。取此卷阅之，恍如聚首成均时，宁不有慰于寂寥之乡也邪？孟兼、子谅，皆以字名。熊君，字伯颖。刘君，字子高。予则南宫散吏金华宋濂也。诗曰：

成均地何灵？圣泽资灌沃。濂。兔奔兆奇征，井泻发新劚。鼎。自非三窟深，孰湛一川绿？孟兼。储精本从金，生色绝胜玉。子谅。霜毛醮寒饮，雪毳翻夜浴。崧。酿洌补酒经，沐丹验仙箓。仲善。杵舂蟾宫弃，珠喷鳣赵堂触。璲。孕月生阴精，观天漏晴旭。濂。冰澄毛骨竖，鉴澈须眉烛。鼎。魏名徒自奇，桧行秽难赎。虽涵东郭狡，难洗上蔡辱。子谅。引满瓶未羸，探幽绠频续。崧。流罂渗银床，出窦溅琼粟。仲善。醉沃目晕花，冻汲指连瘃。璲。濡毫乃自润，照影从人欲。濂。光沉天上魄，祥启地中躅。鼎。擒辞挹余清，盥荐侑嘉告。子谅。剑刺非贰师，池移岂身毒？孟兼。燕支愧淫陈，盐卤鄙富蜀。崧。不动疑窒雪，频摇笑风橐。仲善。天光一眼开，云影片鳞束。璲。剧咽觉瘆瘰，蹶足想彳亍。濂。瀴沸虎爪跑，齁吸猿臂臼。鼎。洁士濯冠缨，渴卒卸刀镯。子谅。精当卯君降，液或井宿督。孟兼。谁知钟宿分？脉与伊洛属。崧。锡名尔固嘉，战句吾何局？仲善。聊将指鼎比，疾胜击钵促。璲。惊风落灯烬，斜月坠檐曲。灵源讵能穷？短咏聊可录。濂。

阅江楼记（1373）

金陵为帝王之州。自六朝迄于南唐，类皆偏据一方，无以应山川之王气。逮我皇帝定鼎于兹，始足以当之。由是声教所暨，罔间朔南，存神穆清，与道同体。虽一豫一游，亦思为天下后世法。

京城之西北有狮子山，自卢龙蜿蜒而来。长江如虹贯，蟠绕其下。上以其地雄胜，诏建楼于巅，与民同游观之乐。遂锡嘉名为“阅江”云。

登览之顷，万象森列，千载之秘，一旦轩露，岂非天造地设，以俟大一统之君而开千万世之伟观者欤？当风日清美，法驾幸临，升其崇椒，凭栏遥瞩，必悠然而动遐思。见江汉之朝宗，诸侯之述职，城池之高深，关阨之严固，必曰：“此朕沐风栉雨、战胜攻取之所致也。中夏之广，益思有以保之。”见波涛之浩荡，风帆之下上，蕃舶接迹而来庭，蛮琛联肩而入贡，必曰：“此朕德绥威服，覃及外内之所及也。四夷之远，益思所以柔之。”见两岸之间、四郊之上，耕人有炙肤皲足之烦，农女有爿桑行馌之勤，必曰：“此朕拔诸水火而登于衽席者也。万方之民，益思有以安之。”触类而思，不一而足。臣知斯楼之建，皇上所以发舒精神，因物兴感，无不寓其致治之思，奚止阅夫长江而已哉？彼临春、结绮非弗华矣；齐云、落星非不高矣，不过乐管弦之淫响，藏燕赵之艳姬，一旋踵间而感慨系之，臣不知其为何说也。

虽然，长江发源岷山，委蛇七千余里而始入海，白涌碧翻，六朝之时，往往倚之为天堑；今则南北一家，视为安流，无所事乎战争矣。然则，果谁之力欤？逢掖之士，有登斯楼而阅斯江者，当思帝德如天，荡荡难名，与神禹疏凿之功同一罔极，忠君报上之心，其有不油然而兴者耶？

臣不敏，奉旨撰记，故上推宵旰图治之切者，勒诸贞珉。他若留连光景之辞，皆略而不陈，惧亵也。

观心亭记(1377)

昊天纯佑九有,民全以所覆畀。我大明皇帝执符御历,拨乱世而反之正,化行人流,臻于泰宁。然犹孜孜夙夜,敬厥德,奉若天道,赫如上帝鉴临。乃洪武十年冬十月丙午朔,复敕工曹造观心之亭于宫城上,设甓为墉,涂以赭泥,中置黼坐,前辟彤户,越七日壬子落成。上亲幸焉。召臣濂语之曰:"人心虚灵,乘气机出入,操而存之为难。朕罔敢自遐自逸,譬鱼之在井,虽未免乎跳掷,终不能度越范围,况有事于天地庙社,尤用祇惕。致斋之日,必端居亭中,返视却听,上契冲漠,体道凝神,纯一弗贰,庶几将事之际,对越在天,洋洋乎临其上。卿为朕记之,传示来裔,咸知朕志,俾弗懈愈虔。"

臣拜手稽首而扬言曰:"《书》有之,惟天无亲,克敬为亲;民罔常怀,怀于有仁;鬼神无常享,享于克诚。曰敬曰仁曰诚,皆忠心所具,非由外铄我也。此心若存,则动静合道,建中保极之原,清而弗扰,庶绩咸熙。否则天飞渊沦,凛乎若朽索之驭六马,唯欲之从,而罔克攸济,治忽之几,其始甚微,不可不慎也。钦惟皇帝陛下,法天启运,乾乾终日,不遑暇食,十有五年,大统斯集,政平人和,休祥屡应,斯皆观心之明验。古先哲王相传心法,所谓精一执中之训,亦不过此。圣子神孙,必来取法,当有不言而喻者矣!虽然,靡不有初,鲜克有终。臣愿陛下存神内居常如亭中时,则心与天为一,祥形敷正,壹出自天,衍亿万年无疆之休,亦永无疆之闻,不亦显哉!臣不佞,既承诏旨,辄稽古书而为之记。"别有观神亭与斯亭东西对峙,其制同,其义亦无异云。

附　图

宋濂著作

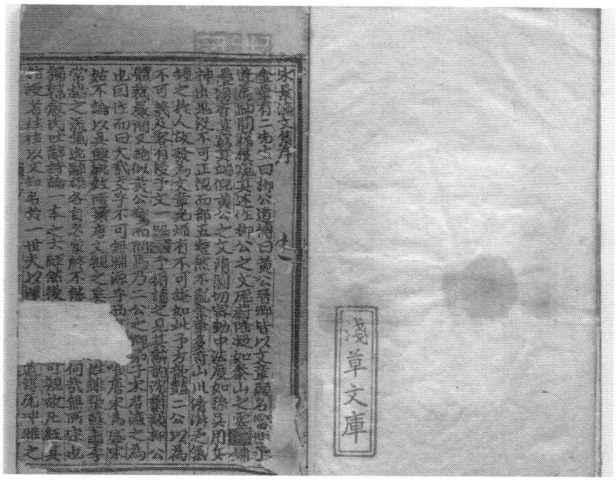

图二十二　《潜溪集》书影

宋學士全集卷之一
提督浙江學政右諭德南陽後學彭始摶重校刻
賦
奉制撰蟠桃核賦有序
洪武乙卯夏五月丁丑上御端門名翰林詞臣出示
巨桃半核蓋元內庫所藏物也其長五寸廣四寸七
分前刻西王母賜漢武桃及宣和殿十字塗以金中
繪龜鶴雲氣之象後鐫庚子年甲申月丁酉日記其
字如前之數亦以金飾之所謂庚子實宣和二年字
頗疑祐陵所書既而奉旨撰賦垂誡方來臣濂謹按王
母獻桃事詳見張華博物志第八卷史補類華言桃

逍遙而永歸忘蕉鹿於今昔歌曰我采我樵兮大濛之野
萬樹瓏璁兮玉光照夜孰能相從兮與霓旌而俱下於是
築石竈燔金經養神火煉黃寧汞生水虎之窟鉛出火龍
之扃液承太乙之珠機運元華之精憑乾坤之卦劵植鄗
鄂之丹城逮伐毛而洗髓致陰爍而陽凝種芝於瓊玉之
山折桂於廣寒之庭領衿佩於榆門集鵷鷺於王庭白簡
霜飛繡衣春明近一山而持斧使九夏之生冰乘風而
來歸兮於瀛洲之先登隔人間之風雨兮邈塵凡之異程
至若西鄰之子沈酣醞釀屏龜香瞻筵火花春篠階舞楚
銀館歌秦黃塵迷南華之夢弊屣嗤東郭之貧樂鍾鼎之
遺盤厭烟霞之近醇尚父釣渭阿衡耕莘或封齊於東海

士第入教成均出仕浙江部使者之寄聲光已赫然
矣君乃退然弗居方以崆峒雪樵自號其殆顯幽一
致者歟非賢而有德者蓋弗能也君間請濂賦其事
雕蟲篆刻之學老且忘去黽勉操觚雖用賦體而比
物成義爲多君之西還或歌於清泉白石間山靈聞
之未必不囅然一笑也其辭曰
伊崆峒之拔起兮鎮嶠南之靈區翠旃繽其蕩空兮播灝
氣之氤氳章貢挾以北流兮畚土脈之滋腴穴邃通於龍
翁兮勢蟠亘於鬱孤信地維之奧宅兮爲靈眞之所都則
有白鶴羽人黃唐丹士闢玉爲房鑄金成黍仰青帝以布
帷揆赤霞而啟筍悼下土之坌濁凌剛風以遐度惟彭城

图二十三　《宋学士全集》书影

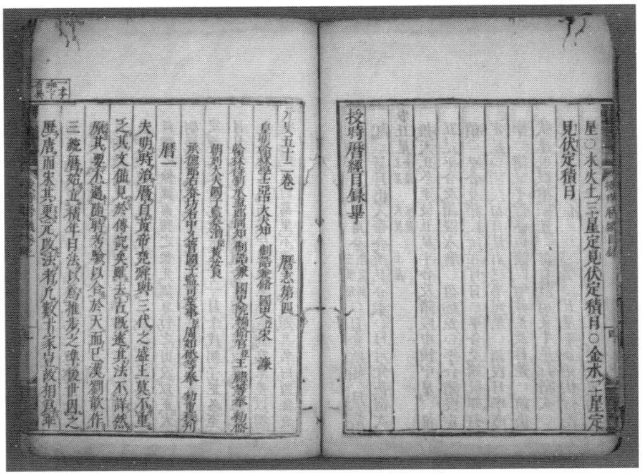

图二十四　早稻田大学藏宋濂等修《授时历议》

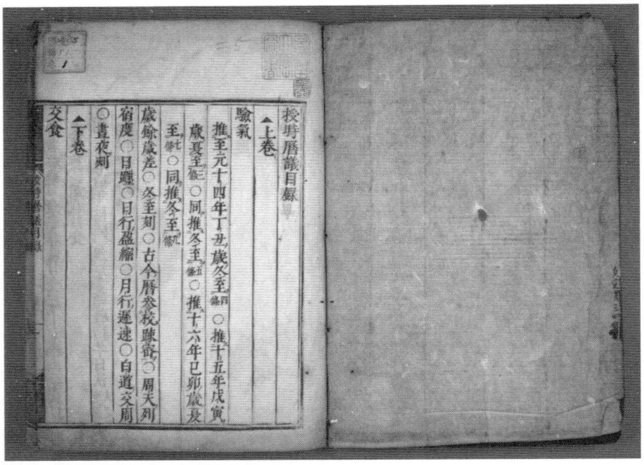

图二十五　早稻田大学藏宋濂等修《授时历议》

图二十六　早稻田大学藏宋濂等修《授时历议》

宋濂印章

图二十七　宋氏景濂

图二十八　金华宋氏景濂

图二十九　太史氏

图三十　玉堂学士之印

宋濂传世书法作品

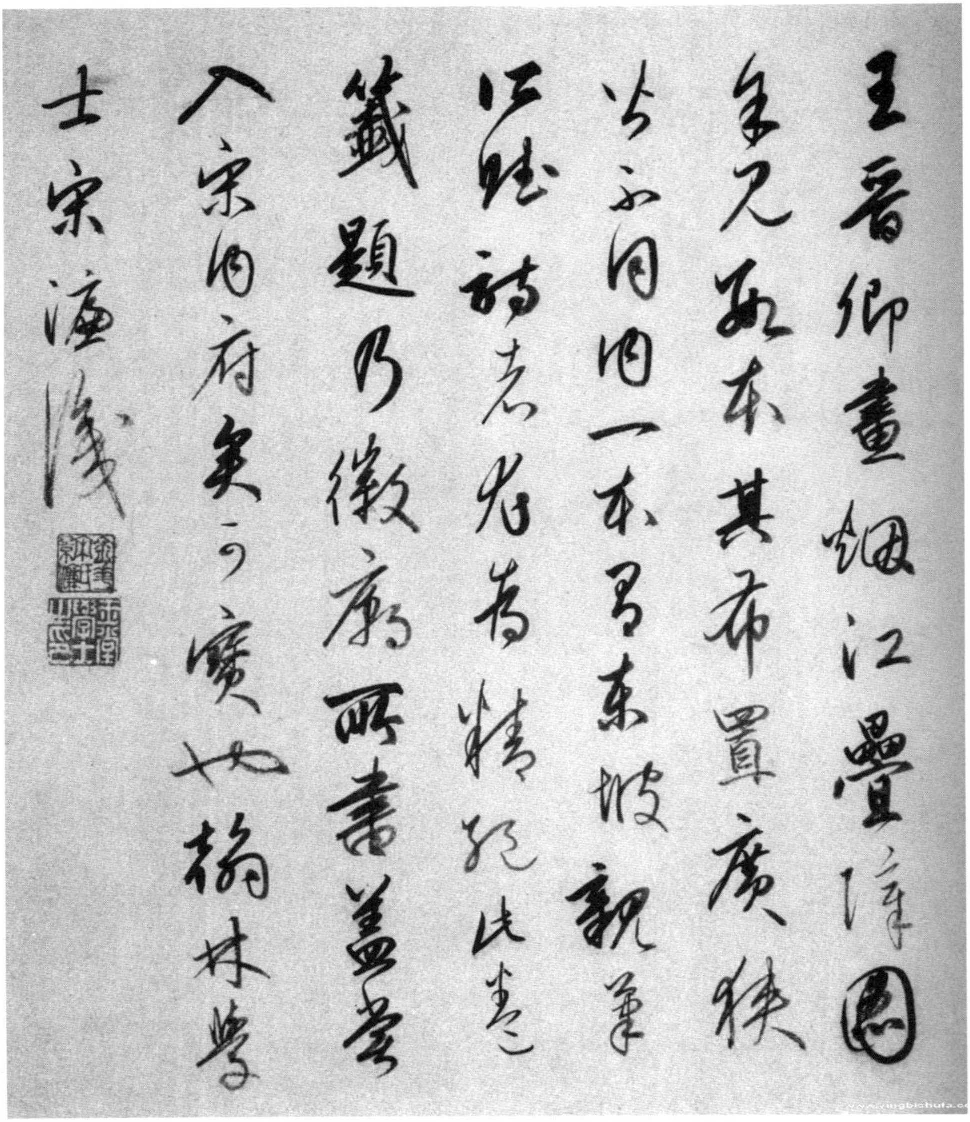

图三十一　上海博物馆藏宋濂跋王诜《烟江叠嶂图》

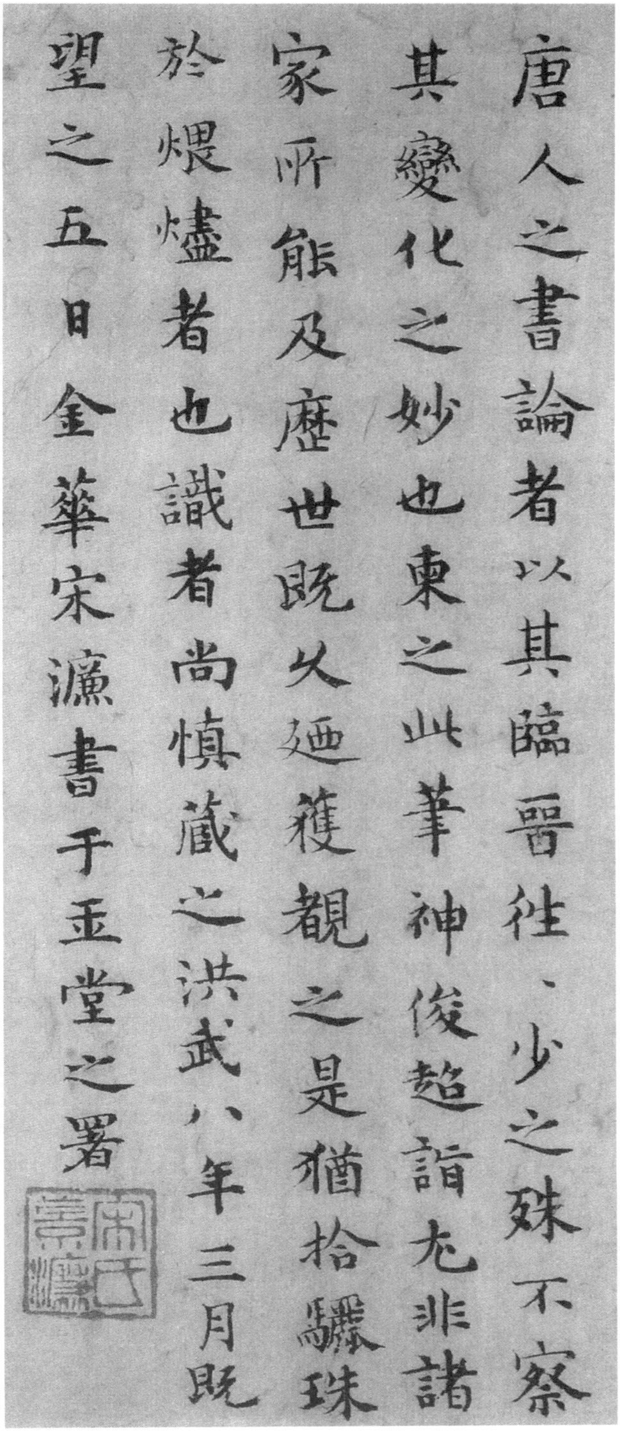

图三十二　台北“故宫博物院”藏宋濂题陆柬之文赋

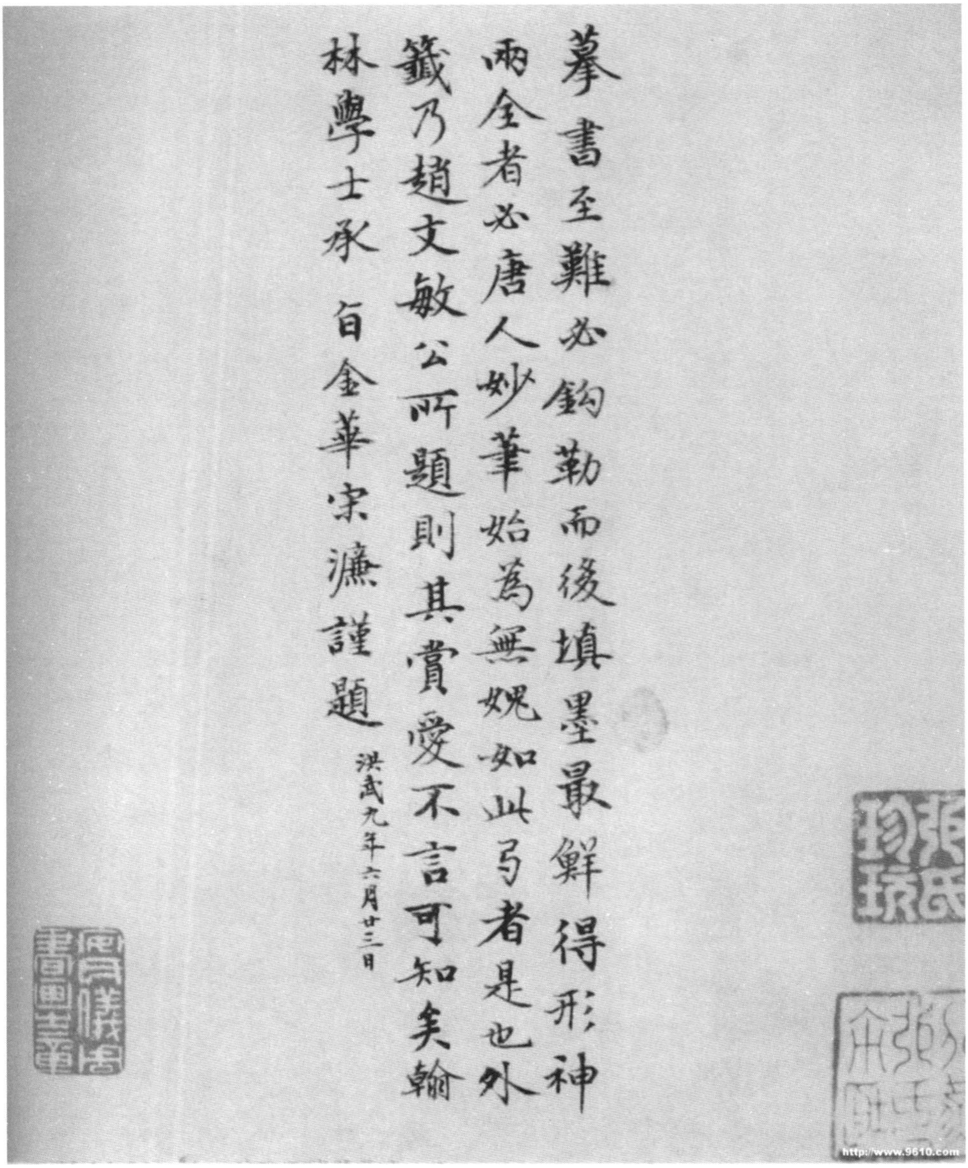

图三十三　北京故宫博物院藏宋濂题虞兰亭跋文

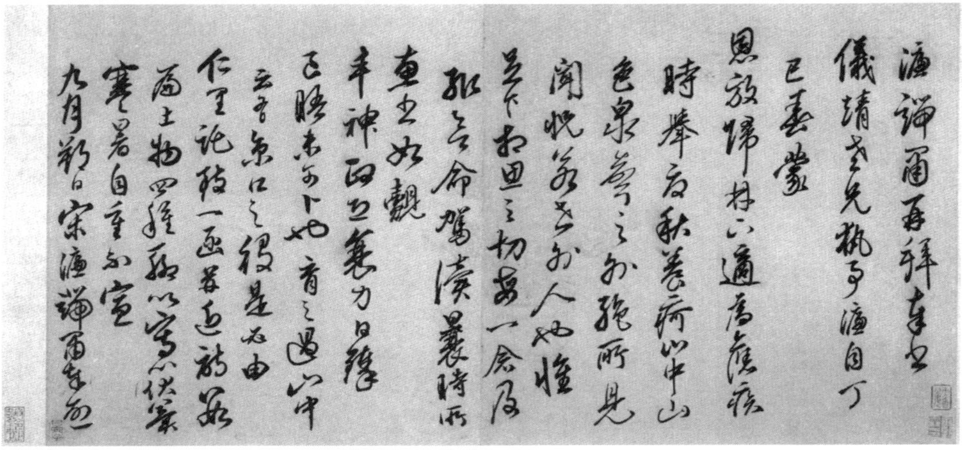

图三十四　北京故宫博物院藏《行书仪靖帖页》

参考文献

(一) 基本史料

《宋濂全集》(全8册),《浙江文丛》系列,杭州:浙江古籍出版社,2014年。

《宋濂全集》(全5册),《明清别集丛刊》系列,北京:人民文学出版社,2014年。

《宋濂全集》(全4册),杭州:浙江古籍出版社,1999年。

(二) 传记年谱

潘杰:《宋濂传》,重庆:重庆出版社,1988年。

王春南、赵映林:《宋濂 方孝孺评传》,南京:南京大学出版社,1998年。

徐永明:《文臣之首——宋濂传》,杭州:浙江人民出版社,2007年。

徐永明:《宋濂年谱》,杭州:浙江大学出版社,2011年。

(三) 研究专著

中共浙江浦江县委宣传部、浙江省文学学会合编:《宋濂暨"江南第一家"研究》,杭州:杭州大学出版社,1995年。

徐永明:《元代至明初婺州作家群研究》,北京:中国社会科学出版社,2005年。

陈贞瑾:《宋濂传记文研究》,台北:文津出版社,2006年。

魏青:《元末明初浙东三作家研究》,济南:齐鲁书社,2010年。

陈葛满:《宋濂漫论》,北京:中国文史出版社,2010年。

谢玉玲:《宋濂的道学与文论》,新北:花木兰文化出版社,2011年。

浙江师范大学江南文化研究中心编:《江南文化研究》第5辑《宋濂研究专辑》,北京:学苑出版社,2011年。

展龙:《元明之际士大夫政治生态研究》,北京:人民出版社,2013年。

宋克夫:《宋明理学与明代文学》,北京:中国社会科学出版社,2013年。

唐惠美:《元明之际士人出处之研究——以宋濂为例》,新北:花木兰文化出版社,2014年。

赵伟:《元末明初士大夫政治文化与文学研究》,北京:中国社会科学出版社,2015年。

陈昌云:《宋濂文学新论》,合肥:黄山书社,2016年。

陈宝良:《明代士大夫的精神世界》,北京:北京师范大学出版社,2017年。

(四)期刊论文

朱正伦:《朱元璋政权中的儒生》,《北京社会科学》1990年第3期。

郑克晟:《元末的江南士人与社会》,《东南文化》1990年第4期。

王琦珍:《论明初文坛的浙江文派》,《江西师范大学学报(哲学社会科学版)》1993年第1期。

廖可斌:《论宋濂前后思想的变化及其他》,《中国文学研究》1995年第3期。

李道进:《宋濂的佛教观》,《浙江学刊》1995年第3期。

郭预衡:《朱元璋之为君和宋濂之为文》,《北京师范大学学报(社会科学版)》1996年第3期。

欧阳光:《论元代婺州文学集团的传承现象》,《文史》第49辑,北京:中华书局,1999年。

欧阳光:《从文人群落到文人集团——元代婺州文人集团再研究》,《文史》第54辑,北京:中华书局,2001年。

徐子方:《从宋濂、刘基的早期诗文看其由元入明前后的心态》,《浙江社会科学》2005年第3期。

徐永明:《不同处境下宋濂的活动及创作》,《浙江大学学报(人文社会科学版)》2005年第5期。

任宜敏:《空有相资　真俗并用——明代“开国文臣之首”宋濂佛学思想述论》,《浙江学刊》2006年第4期。

饶龙隼:《元末明初浙东文人择主心态之变衍及思想根源》,《文学遗产》2008年第5期。

许建中、李玉亭:《宋濂与台阁体》,《浙江社会科学》2008年第2期。

向燕南:《宋濂的学术渊源与学术评论》,中国历史文献研究会编:《历史文献研究》第27辑,上海:华东师范大学出版社,2008年。

左东岭:《论宋濂的诗学思想》,《首都师范大学学报(社会科学版)》2009年第4期。

任永安:《日本藏宋濂〈萝山集〉抄本考述》,《文学遗产》2011年第1期。

任永安:《明初越派文人与台阁体文学》,《理论界》2011年第1期。

任永安:《宋濂集类著述新考》,《殷都学刊》2011年第1期。

索宝祥:《论宋濂的颂圣文学》,《文学遗产》2011年第3期。

王魁星:《论宋濂后期的诗文风貌》,《兰州学刊》2011年第3期。

张思齐:《论宋濂对明代文学的奠基性导向作用》,《西华大学学报(哲学社会科学版)》2011年第1期。

张思齐:《宋濂的散文艺术与绵延意识》,《中国矿业大学学报(社会科学版)》2011年第4期。

吴士勇:《宋濂与朱元璋关系略论》,《淮阴师范学院学报(哲学社会科学版)》2012年第5期。

左东岭:《〈方国珍神道碑铭〉的叙事策略与宋濂明初的文章观》,《首都师范大学学报(社会科学版)》2013年第6期。

周明初:《〈送东阳马生序〉人物考》,《苏州大学学报(哲学社会科学版)》2014年第2期。

仓修良:《宋濂的谱牒学理论》,中国历史文献研究会编:《历史文献研究》第33辑,上海:华东师范大学出版社,2014年。

王锟、金晓刚:《百年宋濂研究评议》,《浙江社会科学》2015年第8期。

詹杭伦:《学术文章一世宗——论宋濂在朝鲜王朝的影响》,《西华师范大学学报(哲学社会科学版)》2016年第2期。

贾素慧:《宋濂佛门交游研究》,《昆明学院学报》2016年第4期。

(五)学位论文

谢志明:《儒释道关系视野中的宋濂思想研究》,台湾彰化师范大学博士学位论文,2000年。

王魁星:《元末明初浙东文人群研究》,复旦大学博士学位论文,2011年。